JN319358

大阪府警暴力団担当刑事

森 功

講談社＋α文庫
プラスアルファ

文庫版まえがき

　昨年（二〇一四年）から今年（二〇一五年）にかけ、福岡県警が取り組んでいる九州最大の指定暴力団「工藤会」の摘発が、各方面に話題を広げている。皮切りは、工藤会総裁の野村悟と会長の田上文雄というツートップの逮捕だ。昨年九月、地元北九州市若松区脇之浦漁協の元組合長、梶原国弘の射殺事件で両人を殺人容疑に問い、逮捕した。これまで手を焼いてきた工藤会に対し、十六年前に起きた一九九八年二月の事件を掘り起こした執念の捜査といわれる。工藤会は、建設業者の襲撃やナイトクラブへの手榴弾投げ込み、さらには元福岡県警刑事の銃撃などでも、その関与が取りざたされた。これ以降、県警本部は工藤会幹部の犯罪を次々と見つけ出し、総裁の野村を五度も逮捕した。

　北九州市小倉北区に根城を築いている工藤会は、警察庁が国内で最も危険な暴力団組織だと見て、日本で唯一「特定危険指定暴力団」に指定している組織だ。二〇一二年十二月、地元福岡と山口の県公安委員会から日本で初めて特定危険指定暴力団と認定された。福岡県警によると、二〇一三年末時点の構成員はおよそ五百六十人。日本全国にある二十一の指定暴力団のなかで見ると、その規模は七番目にあたる。構成員一万三千、準構成員一万二千を擁し、最大の勢力を誇る山口組に比べると、組員の人数そのものはかなり少ない。が、警察庁は山口組と並び、この数年、工藤会の摘発に取り組んできた。昨年のツートップ逮捕の際は、福岡県警職員の三割以上に当たる三千八百人の捜査員を投入したうえ、警視庁をはじめ、山口県や長崎県、千葉県、さらには北海道にいたるまで、実に六都道県の警察本部から精鋭が集結し、異例の事件捜査に当たった。そこまで熱を入れるのは、その凶暴性ゆえというほかない。警視庁の元暴力団担当刑事が言った。

「山口組は三代目田岡一雄組長時代の六〇年代半ば以降、全国制覇を目論んで勢力を拡大し、関東や北陸、北海道にいたる地元の組を傘下に収めてきたが、九州は難攻不落。迎え撃ったのが当時の工藤組（現工藤会）で、以来、福岡県内の道仁会や太州会とともに三派連合を結成して山口組に対抗してきた。今はそこに熊本会を加え、四社会と呼ばれる反山口組連合になっている。そのせいで山口組系列は実際、福岡県内でさえ存在しない」

日本最大の山口組ですら一目も二目も置き、身構えてきた組織だ。斯界《しかい》では山口組に対抗する組織として名を馳せ、反山口組系の暴力団から頼りにされてきたともいえる。警察当局にすれば、山口組と並んで最も手を焼いてきた組織であり、それだけに捜査に血道をあげてきたのである。警察庁は山口組ナンバーツーの髙山清司《きよし》の恐喝事件をはじめ、ここ数年取り組んできた山口組壊滅作戦に続いて、最も危険なこの工藤会に対する頂上作戦に着手した。

そんな捜査のなかで、とりわけ全国の暴力団捜査員の目を奪ったのが、工藤会総裁の野村に対する脱税事件だったに違いない。広域指定暴力団としてピラミッド型の組織を構成する工藤会では、傘下の下部団体から現金を吸い上げ、頂点に君臨する総裁の野村悟に上納してきた。福岡県警がそこに着目し、長年、受け取ってきた上納金が、税務申告すべき個人の収入にあたるとし、公訴時効の五年以内のおよそ十億円のうち、二億二千七百万円を野村個人の所得隠しと見なして二〇一五年六月十六日に摘発したのである。容疑は、所得税法違反だ。これが前例になれば、暴力団捜査の新たな決め手になりうる。警察関係者は、「かつてない画期的な捜査」と絶賛し、反対に暴力団筋からは「ありえない逮捕」という声があがっている。
暴力団組織において、親分や上部団体への上納金制度は広く知られている。たとえば日本最大の山口組は、直参《じきさん》と呼ばれる直系二次団体で百万円前後の〝会費〟を神戸の本部に納めなければならない。新聞報道によれば、傘下団体をいくつも抱える工藤会本部への上納金は、年に二億四千万円にのぼる。組員が個々、所属する下部団体に毎月決められた現金を上納し、工藤会本部は系列の組からそれをまとめて吸い上げるシステムになっているという。
〈「組員は3ランクに分かれている。Aランクは1人20万円、Bランクは15万円、Cランクは5万円。この組の場合は、Aが1人、Bが2人、Cが12人だから集金額は月110万円」。工藤会系の下部団体に対する捜査に携わった経験のある福岡県警幹部は解説する〉(六月十七日付毎日新聞朝刊)
暴力団担当の刑事たちは、常に資金源を追いかけている。それゆえ、こうした上納金システムについても熟知している。ときには、そうした現金を発見し、押収するケースも少なくない。ただし、これまでは手を出せなかった。その意味で、脱税という手段を使った工藤会総裁の逮捕は、間違いなく画期的だ。しかし裏を返せば、それは過去の暴力団担当刑事たちがやりきれなかった手法ともいえ、そこには立件の困難も孕《はら》む。

随分前置きが長くなってしまったが、『大阪府警暴力団担当刑事「祝井十吾」の事件簿』の文庫化にあたり、そんなことを考えた。日本社会が成熟するにつれ、暴力団の構成員や準構成員が減り、十年前と比べて彼らが闊歩する姿もあまり見かけなくなった。ただし、それはいなくなったということではない。警察庁がこれまでにない脱税という手法まで使って組織の壊滅に臨むのは、むしろ暴力団捜査の難しさと危機感のあらわれと言い換えられる。とりわけ目を光らせるのが、その経済活動と資金源だ。

本書の主人公である大阪府警の元捜査員「祝井十吾（仮名）」もそこに腐心してきた。たとえば二〇〇五年に山口組直参組織を家宅捜索（ガサ入れ）した際、次のような収穫があったと話した。

「ガサは何回かにわけておこなったけど、まず一発目のガサで金庫に三千数百万円入ってたんで、それを押収した。それから三日後、別件の被疑事実もあったんで、二度目のガサに行ったんです。そしたら、おんなじように金庫に三千数百万円が入ってるやないですか」

大物ヤクザの自宅や事務所では、急な物入りに備える必要がある。そのため常に一定の現金がそこに眠っているという。暴力団担当の捜査員たちは事務所の家宅捜索でそうした場面に出くわす。大物のヤクザになれば、現金の出所が傘下組織からの上納金である場合も多いだろうが、むろん彼らの口は堅い。組織の資金の流れを解明しようとしてきたが、仮にこうして現金を発見して押収しても、それ自体を罪に問うことはできなかった。

もとより実態としては、子分たちが親分に上納しているのだが、当人が組のカネだといえばそれまで、個人所得だと立証するのは至難の業だ。実際、町内会の会費と同じで、会長が使えるものではない、とシラを切れば、それ以上追及できなかった。過去、暴力団の上納金システムを脱税として摘発したケースなど聞いた例《ため》しがないのは、上納金を組長の個人所得と認定、立証するのが非常に難しいからだ。暴力団組織そのものは法人格のない任意団体である。暴力団関係者が絡んだ脱税の摘発は皆無ではないが、捜査対象はフロント企業など法人が絡んだケースに限った話がほとんどだ。

ところが、今度の工藤会に対する捜査は、その壁をぶち破った。そこまで踏み切ったのは、警察当局の熱意の裏返しかもしれないが、半面、そこには危うさも見え隠れする。福岡県警は、側近の金庫番のメモから、工藤会の野村の個人所得だと認定した。そこに、高級車の購入や遊興費に使ったと受け取れる記載があるようだ。

上納金の脱税事件が成立すれば、暴力団は壊滅的な痛手になるのは間違いない。それをどのように立証していけるか、この先の捜査や公判の行方を見守るほかないが、やはり立件の決め手になるのは、捜査員がどこまで暴力団組織に肉薄できているかという点にかかっている。

本書に登場してくれたベテランの暴力団担当刑事たちは、そうしたデータを蓄積するため、捜査現場を歩いてきた。ときにマル暴刑事は暴力団組織と近づきすぎ、ミイラ取りがミイラになることもある。暴力団は〝敵〟を取り込むその術《すべ》にも長《た》けている。

概して暴力団には地元の地縁血縁の強みも働く。かつて不良だった中学校の同級生同士が、のちに刑事と組員にわかれる。が、やはり友人としてのつながりは捨てきれない。そんなケースも珍しくない。事実、暴力団と警察当局との癒着は、これまで幾度となく垣間見られた。

最近でいえば、二〇一三年一月に摘発された山口組と関係の深い風俗店経営「ブルーグループ」と愛知県警のつながりが、記憶に新しい。名古屋地裁で開かれた一連の事件公判では、捜査した刑事が出廷。ブルーグループを率いた佐藤義徳が、親しい別の県警捜査員に自らの周辺捜査をやめるよう妨害工作を依頼していた、と暴露した。問題の捜査員には、佐藤から八百五十万円の金銭のやり取りがあった、とまで話している。

工藤会は〝日本最凶〟と呼ばれる一方、不良中国人を地元から撃退したと地元の人気もある。

警察が捜査情報を暴力団に漏らすケースなどは日常茶飯事だ。暴力団組織の地元の地縁血縁は、想像以上に機能し、担当刑事はそこも警戒しなければならない。それだけに厄介なのである。

本書はそんなベテランの暴力団担当刑事の目を通じ、暴力団の実態やその捜査現場をありのままに描いたつもりだ。なお、文庫化にあたり、従来の『大阪府警暴力団担当刑事「祝井十吾」の事件簿』から『大阪府警暴力団担当刑事　捜査秘録を開封する』とタイトルを変更させていただいた。

二〇一五年九月

森《もり》　功《いさお》

大阪府警暴力団担当刑事◉目次

文庫版まえがき　3

プロローグ　21

第一章　島田紳助引退の舞台裏

本気のガサ入れ現場　35
記者会見の嘘　40
全否定からの方向転換　46
どっぷり浸かった渡辺二郎　53
メールを流出させた狙い　57
黒い交際の原点　61

第二章　新山口組壊滅作戦

ナンバーツー逮捕の波紋　70
被害者の告白　75
懐に忍ばせた拳銃　80
謎のヒットマン部隊　86
とつぜん近づいてきたバイク　91

第三章　吉本興業の深い闇

還暦パーティに集った面々　101
神戸芸能社の役割　106
「田岡舎弟七人衆」だった吉本興業会長　112
女太閤の血を引く林マサ　118
カウスとたけしのスポンサー　123

中田カウス騒動の真相　129
紳助引退との因果関係　135

第四章　漆黒のボクシング興行史

相撲部屋と同じシステム　144
「売り興行」と「手打ち興行」　149
「ほら、切符来たよ」　153
亀田家トラブルの深層　159
借金した相手は山口組大幹部　164
暴力団が観戦した理由　170
東京ドームこけら落としの舞台裏　174
山口組だらけのリングサイド　182

第五章　ヤクザと銀行
〝汚れ役〟が語る脱税の手口　194
マネーロンダリングに使われる〝無記名口座〟　200
同和と銀行　204
幽霊相手の転貸融資　207
事件化できたヒントとは　212
捜査の幕引き　218
セコムの株取引　224
第六章　梁山泊事件
島田紳助の株取引　236
ベンチャー起業家と裏社会の交差点　240
投資指南役は京大ゼミ研究員　244

黒いスリーショット写真の意味 249
豊臣春國の告白 257
知られざる裏のネットワーク 266

第七章 ヤクザの懐

保釈金の帯封を洗え 278
裏ネットワーク解明のヒント 283
武闘派の経済ヤクザ 287
空港開発の莫大な利益 291
大幹部で年収六百万円だけ？ 300
六代目体制固めの影響 303

第八章 捜査刑事の落とし穴

犬の死骸捜査 314

取調室の録音　319
ベテラン刑事の取り調べ術　322
不良警官　327

終　章　山口組捜査の行方

論告求刑の筋書き　334
マル暴刑事の疑問とは　341
点と点をつなぐ捜査　347
懲りない面々　351

エピローグ　355

大阪府警暴力団担当刑事　捜査秘録を開封する

プロローグ

　枕もとの携帯電話がけたたましく吠え、せっかくの夢路が妨げられてしまった。二〇一一（平成二十三）年八月二十三日、まだ朝の七時を過ぎたばかりだ。慌てて手に取った携帯電話の向こうから、勢い込んだ大きな声が響き、鼓膜を揺らす。

「どうも、朝早くすみません。今日、吉本興業と島田紳助が緊急会見を開くらしいんです。聞いてませんか」

　電話の相手は講談社の編集者だった。昨夜就寝が遅かったので、こちらはまだ寝ぼけている。

「いったい何の会見なの？」

　どんな事情でそんなに慌てているのか、わけがわからず、そう問い直した。

「どうやら、紳助がヤクザとの関係をみずから認めるような話をする、というんですけどね。今まであんなに否定してきたのに、そんなことあるんでしょうか」

そう説明されて、ようやく事情が呑み込めてきた。吉本興業や島田紳助についてはこの年の春以来、取材を続けていた。四月に始めた『週刊現代』の連載記事のなかで、当人を取り上げたこともある。記事の通しタイトルは、「短期集中連載『大阪府警』腕利きマル暴刑事の事件簿」だ。その五回連載の最終回にあたる五月七・十四日ゴールデンウィーク合併号で、「ガサ入れで見えた『暴力団と芸能界』」と題し、吉本興業の関係記事を掲載した。記事は題名にあるとおり、島田紳助をはじめとした芸能人やプロスポーツ選手たちと日本最大の暴力団組織である山口組との蜜月関係をテーマにした内容である。

大阪府警による暴力団捜査の過程で浮上したそれらの親密な交際について、島田紳助の所属していた吉本興業グループにも質問をぶつけていた。しかし、当人はもとより吉本興業も、「すべて事実無根だ」とその事実関係を頑《かたく》なに否定していた。それからわずか三ヵ月しか経っていない。にもかかわらず、このときになって改めてその親密な交際を認め、記者会見まで開くというのである。どうも合点がいかない。

「二、三日前から情報が流れていたのですが、それがどうも本当のようなんです」

講談社の担当者にそう言われても、記者会見を開く事態などは、想像もできなかった。

「そんな簡単にヤクザとの関係を認めたら大騒ぎになると思うけど」

とりあえず電話をくれた編集者へ率直に感じたままを伝えておいた。ところが、あにはからんや、その予想は完全に外れる。午後に入ると、私の携帯電話の鳴る回数が、徐々に増えていった。

たまたまその日は、大阪出張が入っていた。目的は、民主党元代表の小沢一郎が世間を騒がせていた「政治とカネ」にまつわる取材だ。飛行機で羽田から伊丹へ向かい、梅田で準大手ゼネコンの元東北支店長と会う約束になっていた。昼過ぎ、伊丹空港から梅田へ向かうその移動のあいだにも、携帯電話がしきりに鳴る。その回数がどんどん増えていった。夕方から始まったゼネコン元幹部との会食中にも、五分おきに電話が鳴るので気になって仕方がない。その度に中座しなければならなかった。

「森さん、最近、吉本（興業）に取材に行ったでしょ。それで、向こうは観念したのだと聞いています。取材は、いつ？　どんな内容ですか」

東京からそう尋ねてくる警視庁関係者もいた。むろんそんな心当たりはない。捜査員はこうも漏らした。

「それなら別のジャーナリストなのかな。そういう情報が、こっち（警視庁）にあがってきているんですけどねぇ」

芸能プロダクションの社長からも連絡が入った。

「記者会見は、大﨑（洋・吉本興業社長）さんも認めているようです」

さぐりを入れようとしているようにも思えたが、嘘をついている様子もない。そうして次第に情報の中身が細かくなっていった。たとえば大阪府警の関係者からの電話はこうだ。

「どうやら羽賀研二の恐喝事件の公判で、紳助と山口組の一件が飛び出したか、あるいはその公判でこれが近く暴露される、いう話のようなんですわ。それをどこかの記者が聞きつけて吉本にぶつけたらしい。そうして会社が紳助本人に確認したところ、あっさり山口組との交際を認めたようなんです」

ここに出てくる羽賀研二とは、過去に何度も不祥事を引き起こしてきたタレントである。極め付きが〇七（平成十九）年六月三十日、大阪での恐喝事件だろう。ボクシングWBAとWBCの元世界ジュニア・バンタム級王者・渡辺二郎とともに、大阪府警捜査四課に逮捕されている。その公判のなかで、なぜか島田紳助の問題が浮かび上がっているという。そういえば、思い当たるフシがないわけではない。かねてより紳助、渡辺、羽賀の交友は知られてきたところであり、みな山口組との関係が取り沙汰されてきた。

はじめの電話を受けたときは何が何だかさっぱりわからなかったが、週刊現代で報じた行きがかり上、捨て置けない。ありがたいことに、こうしてさまざまな角度から情報が入り、問題の輪郭が浮かび上がってきた。渡辺、羽賀が引き起こした恐喝事件の公判から、新たに紳助の問題が浮かんだのは間違いないようにも感じた。ただし、法廷で島田紳助と暴力団との関係が飛び出していたら、すでに報じられているはずだ。従って、法廷証言が情報発信源だという事態は考えにくい。そのあたりは情報が錯綜していたに違いない。事実、芸能界はもとより、メディアの取材現場も、かなり混乱していた。

「どうも、(八月二十五日)木曜日発売の『週刊新潮』が取材をしていて、記事が出るらしい」

「いや、新潮ではなく『(週刊)文春』だ」

取材記者のあいだで、先行取材をしている会社がどこなのか穿鑿《せんさく》し、牽制し合っている。だが、実際に名前の挙がった編集部に聞くと、取材していた形跡はない。女性誌やスポーツ紙の特ダネ説まで浮上したが、結果的にどこのスクープ記事にもならないまま、問題の緊急会見の時刻を迎えた。

そして午後十時から島田紳助と吉本興業グループの「よしもとクリエイティブ・エージェンシー」の会見が始まった。そこで、いきなり「芸能界を引退する」という衝撃的な発表がなされる。

「もう引退するんだから、すべて正直に話します」

島田紳助は、みずからを奮い立たせるかのように、いつもの口調で話し始めた。だが、その強い口調とは裏腹に、言葉は上滑りしている。芸能記者たちを見つめる目には、ときおり何かを隠しているような暗い影が浮かんだ。

一年間に五億円も六億円も稼ぐとされる芸能界屈指の実力お笑いタレントと暴力団との黒い交際。それはいやが上にも注目を集めた。折しも島田紳助の引退会見は、十月に予定されていた東京都の暴力団排除条例の施行まで二ヵ月というタイミングにあたる。引退会見が、この数年来、広域暴力団の捜査を進めてきた警察当局にとって、絶好の宣伝材料になったのは間違いない。ここから警視庁や大阪府警が中心となって展開してきた山口組壊滅作戦が脚光を浴び、さらに勢いづいた。

二〇一二（平成二十四）年六月六日、全国の警察や報道関係者たちが注目する裁判が、京都地裁で始まった。被告人は日本最大の広域暴力団山口組を束ねてきた高山清司である。六代目組長の司《つかさ》　忍《しのぶ》（本名・篠田建市）に次ぐ山口組ナンバーツーの若頭だ。直参と呼ばれる山口組直系二次団体の弘道会会長として、斯界にその名を轟かせてきた。

「恐喝しようと思ったことはない」

高山はみずからが罪に問われた恐喝事件の初公判で、その容疑を否認した。

六代目組長の司が長らく服役していたため、その留守を預かり、裏社会に君臨してきた高山に対し、京都府警が狙い打った事件である。京都府内の建設会社に対して四千万円のみかじめ料を脅し取ったとして、京都府警が山口組のトップを逮捕し、起訴したものだ。この数年来、警察庁が進めてきた山口組壊滅作戦のなかでも、最も注目された事件の一つだ。

高山本人は、持病の悪化で勾留《こうりゅう》の執行停止が認められて入院し、この日は病院から法廷に出向いた。首にコルセットを巻き、杖を支えに被告人として証言台に立った。

「（恐喝事件などには）関知もしていない」

初公判に臨み山口組のナンバーツーは、あくまで無罪を主張する。しかし、対峙する捜査当局も強気だ。そうして山口組と警察当局との熾烈《しれつ》な攻防が、繰り返されてきた。そんな捜査当局と暴力団の狭間《はざま》で、恐喝の被害者となった建設業者は微妙な立場に置かれてきた。

戦後の混乱から立ち直り、経済成長を続けてきた日本社会は、いまや成熟期に入ったとされる。しかし、かつて蜜月関係にあったアンダーグラウンドの世界との縁は、そうたやすく断ち切れはしない。むしろ昨今の捜査当局の介入により、もたれ合ってきた互いの関係が改めて浮き彫りになり、当事者が困惑するケースもまた、少なくない。その典型が島田紳助の引退騒動で見えた山口組とのつながりでもある。

芸能界が裏社会と一体となって発展してきた歴史は、消しようがない。わけても関西のお笑い芸能を支えてきた吉本興業は、個々のタレントというより、その成り立ちからして、会社ぐるみで市井《しせい》のヤクザ者たちと世を渡ってきた。大阪府警を中心とした暴力団担当刑事たちは、そんな過去の縁から現在にいたる関係を捜査し、データ化してきた。

古くは山口組三代目組長と吉本創業家。最近ではその創業家との内紛の末、襲撃された中田カウス、さらには島田紳助やビートたけしにいたるまで、華やかな芸能の世界の有名人と法に支配されない無頼の徒が、複雑なネットワークでつながり、相互補助してきた。一方、警察当局からすれば、そうした双方の蜜月を解明すべく長年、蓄積してきた暴力団捜査が、ようやく日の目を見る時代になったといえる。芸能の世界における紳助の引退を例に挙げるまでもなく、日本社会全体がそうした過去の関係の清算に迫られている。

果たして、日本の社会はどのように暴力団組織とかかわってきたのか。本書では、大阪府警をはじめとした現場の捜査員の体験談をもとに、それを改めて振り返ってみた。取材を続けていると、これまで噂話として語られていたに過ぎない出来事が、しばしば現実のものとして浮かび上がった。半面、取材によってまったく知らない世界が垣間見えてくる。そんな連続でもあった。

島田紳助の引退会見をテレビで見た大阪府警の名物マル暴刑事は、吐き捨てた。

「紳助、よう言うわ。認めるんなら、もっと正直に話さんかい。そう思いましたね」

『大阪府警暴力団担当刑事《でか》――「祝井十吾」の事件簿』を上梓するにあたり、私は大阪府警捜査四課の暴力団担当刑事をはじめ、警視庁や他府県の捜査関係者に取材を続けてきた。通称マル暴刑事たちは、たいてい他の刑事事件の捜査経験もあるが、なかにはその道一筋というパターンもある。学生時代の武道の経験を活かして警察官になった者、少年時代に喧嘩に明け暮れていた腕っぷし自慢もいる。近年は、他業種からの転職組も少なくない。一見するとサラリーマンのようにしか見えない刑事もいるが、いざ捜査となると彼らは一様に形相が一変する。ひと言で片付ければ、やはり強面《こわもて》だ。

本書では、大阪府警の暴力団捜査を担ってきたそんな複数のベテラン刑事たちを仮に、祝井《いわい》十吾《じゅうご》と呼ぶことにする。

（文中敬称略）

第一章　島田紳助引退の舞台裏

「ええ加減にせぇよ、こらぁ～」

身体の大きな短髪の男がそう叫びながら、今にも額がぶつかりそうなくらい顔を近づけ、相手に迫っていた。実際、口元から飛び出す唾のシャワーが、数センチ先の顔面に降り注いでいる。だが、敵も怯《ひる》まない。

「何やと、ワレ」

負けずに関西弁で押し返す。そんな光景がいたるところで繰り広げられていた。

互いにつかみ合わんばかりに怒鳴り合っているのは、大阪府警の暴力団担当刑事と山口組の組員だ。いかにも武道で鍛え上げたがっちりした体躯《たいく》の刑事が、白いワイシャツの組員を玄関先から通りに引きずり出して投げ飛ばす。すると、ワイシャツ姿の組員は道路脇の金網まですっ飛んで、ガシャーンとぶつかった。怒号が乱れ飛び、まさしくあたりは騒然としている。

二〇〇五（平成十七）年十一月十七日早朝、大阪府警捜査四課が東大阪市の山口組直系二次団体「極心連合会」を家宅捜索した。滅多に見られないその模様が、インターネットの動画共有サイト「ＹｏｕＴｕｂｅ」で紹介され、話題を呼んだ。大がかりなその捜索は、極心連合会会長の橋本弘文（本名・姜弘文）の自宅にまで及び、日ごろ閑静な住宅街が、まるで火事場のような騒ぎになった。

極心連合会会長の橋本は、六代目山口組組長、司忍体制で頭角を現してきた山口組の重鎮である。二〇一一（平成二十三）年四月まで六年間服役していた司に代わり、留守を預かって来た若頭・髙山清司の腹心として、若頭補佐という組織の要職に就いてきた。弘道会を中心とする六代目体制の地盤固めと山口組組織の拡大に貢献し、いまや組全体のナンバーフォーに昇格している。

このときの極心連合会の橋本に対する家宅捜索は、山口組が六代目体制に移行する過程で、大阪府警が大がかりにおこなったものだった。捜査は、ここ数年、警察庁が本腰を入れている山口組壊滅作戦の一環といえる。家宅捜索の容疑は不動産の強制執行妨害。繰り返すまでもなく、捜査の中心は大阪府警捜査四課のマル暴担当刑事たちだ。本編の主人公である祝井十吾も、このときの家宅捜索に加わっている。ＹｏｕＴ ubeで流れるネット動画を見ながら、懐かしそうに目を細めて話した。

「極心のガサ（家宅捜索）で、面白かった場面がありましたな。現金の差し押さえです。ガサの容疑が不動産の売買に関する案件やから、現金も差し押さえ対象になる。ガサは何回かにわけておこなったけど、まず一発目のガサで金庫に三千数百万円入ってたんで、それを押収しました。それから三日後、別件の被疑事実もあったんで、二度目のガサに行ったんです。そしたら、おんなじように金庫に三千数百万円が入ってるやないですか。向こうにしてみたら、いざというときのために常に置いとく必要があって金庫に補充していたんでしょうけど、一ヵ所のガサで、こんな大金を二回も押収でけた。ひとつぶで二度おいしいな、と捜査員のあいだで冗談を言い合うた記憶があります」

たとえるなら、首相官邸の金庫にある官房機密費みたいなものだろうか。大物ヤクザの自宅や事務所には、常に一定の大金が眠っているらしい。山口組の有力組織は、それだけ資金量が豊富だという証左でもある。

このとき極心連合会会長の橋本は、組員の借金の連帯保証人になり、整理回収機構から貸金返還訴訟を起こされていた。連帯保証の額は実に三億円。仮に橋本が裁判に負けると、みずから所有する雑居ビルを差し押さえられる恐れがあった。そこで橋本たちは、裁判の判決を前に、あらかじめビルを売却していた。おまけにその売却代金である四千万円を二千万円と過少に偽装していたのである。

さほど大事件ではないようにも思えるが、相手が山口組の有力幹部だけに、鬼の大阪府警は見逃さない。橋本らによる一連の行為を強制執行妨害と見て逮捕に踏み切り、強制執行妨害はのちに詐欺未遂事件として立件された。ネット動画で流れていた家宅捜索は、このときの捜査の一環である。

本気のガサ入れ現場

続いて祝井たち大阪府警捜査四課は、極心連合会を家宅捜索した明くる年の〇六（平成十八）年三月十五日、神戸市灘区の山口組総本部を家宅捜索した。祝井がこう振り返った。

「この極心（連合会）のあと、関連捜査の一環として神戸の山口組本家にもガサに行きました。府警のガサは本気ですからね。警視庁とか兵庫県警なんかは、事前に向こうに『ガサを入れるから』と連絡をする。抵抗せんよう話し合いができているらしく、揉《も》めることはほとんどありません。しかし、府警はそんなことせえへん。だから、乱闘はしょっちゅうです。兵庫（県警）も数年前に以前と体制が変わって、本家のガサで乱闘騒ぎになったと話題になった。けど、うちらにとってはいつものこと。あっちの若い衆と大喧嘩です」

元府警四課のベテランマル暴刑事である祝井が、そんな家宅捜索現場における裏話を明かしてくれた。

「ガサはスピードが大切です。シャブ（覚醒剤）の捜査だと便所にブツを流されたらそれで終わり。シャブを隠すため、相手もできるだけ時間稼ぎしよる。だから組事務所に対するガサは常にいきなりなんです。とくに山口組本家のガサはみな気合が入る。捜査員のなかには、特攻服を着てやって来るやつもおるくらい。やる気満々の戦闘態勢です。ただし、向こうも用心しとる。（山口組）本家の場合、いつガサがあるかわからへんから、近くのマンションなど三ヵ所に警備小屋を配し、常時見張りを立ててます。われわれが本家の玄関に着くころには、警備番が連絡したあとで、玄関先で待ち構えていることが多い。そうして『何の件でっか』と玄関口でのらりくらりとかわしながら、玄関の扉を開けんようにしよるんです。もちろん強制的に入るんですが、そこから抵抗でもしようもんなら、どつき合いです」

　家宅捜索の前線部隊は、柔剣道や空手の有段者ぞろいだ。かたや相手にも面子《メンツ》があるため、捜索現場は激戦となる。

「刑事も相当無茶しますからな。何百人も捜査員を投入するようなガサだと、敵味方が入り乱れてもて、現場は誰が誰かわからへんようになる。前にヤクザを押さえ込もうとして団子状態で重なり合うて相手を殴っとると、実は捜査員やったこともありました。『俺や、俺やがな！』と言われ、顔を見てはじめて同僚だと気づいたんですけど、それほど混乱します」

　祝井たち大阪府警のマル暴刑事にとって、山口組総本部の家宅捜索はことのほか印象深いという。こう体験談を続ける。

「金庫の現金を確認しようと、組員に金庫を開けさせようとしていたら、そこへそれを知らんほかの刑事がやって来た。すると、その刑事は『きさまっ』と叫んで、その組員を投げ飛ばしてしもうたんです。あとで聞くと、組員が金庫の書類や現金を持って逃げるように見えたらしいんです。投げ飛ばされた組員は、捜査員から命じられて金庫を開けようとしただけなんで、目を白黒させとる。『刑事さん、こりゃあ、あんまりや。殺生ですわっ』て、あとでこぼしてましたけど、投げた刑事は苦笑いしていました。あっこまでガチンコのガサは、大阪だけちゃうやろうかね」

〇六年三月の山口組総本部の家宅捜索は、六代目体制が発足してからはじめて警察がおこなった総本部の家宅捜索となる。それだけに大阪府警も力が入ったに違いない。総勢三百人の暴力団担当刑事が乗り込んだ。むろん、祝井十吾もそこに参戦している。乱闘の模様について、祝井が再現した。

「その前の極心のときも入り口で揉めましたけど、本家でも玄関先で横二列に並んで、われわれを通そうとせえへん。そこから無茶苦茶でした。向こうは向こうで、自分の前で勇ましく警官とやり合おうとする。とくに若い兵隊の組員は、それで怪我でもしたら、勲章〟になるでしょ。親分にええ格好見せんとアカンから、必死なんです。それで玄関先からすでに乱闘が始まった。入り口付近ではや揉み合いになって、いきなり向こうが殴り返してきよった。そうして家の中でグチャグチャになって（捜索を）続けていると、組員の一人が手から血をだらだら流しているやないですか。で、こっちも『病院連れていったろか』と、優しゅう言うてやったら、ちらちら親分を気にしながら『いらんわ』って吐き棄ててました。親分に自分の怪我を見せたかったんでしょう」

この場合の親分とは、むろん六代目山口組組長の司忍ではない。そこにいた直系二次団体の組長だ。山口組総本部には、当番制により直系組長たちが何人か常駐している。家宅捜索では、その二次団体と大阪府警の対決の場と化す。組員にとって家宅捜索は、親分に対する忠誠を示す場でもあるわけだ。そこで件《くだん》の組員は、組長にみずからの怪我をアピールし、組長がそれに気付くと、おとなしく治療に向かったという。

もとより家宅捜索は裁判所の令状に基づいて執行されるため、邪魔をすれば公務執行妨害となる。しかし刑事もついやり過ぎるため、現行犯逮捕することはほとんどない。

「あのときの本家のガサでは、双方、怪我人がぎょうさん出ました。本来、捜査員を殴ったら、公務執行妨害です。ただし、向こうのほうが被害は甚大。いくら抵抗しよっても、こっちはかなりの精鋭部隊ですからね。日ごろ鍛えとるから、やっぱり警察のほうが強いんですわ。傍《はた》から見ていても頼もしい限りでした。でも、あとになって怪我をした本人が賠償請求してくることもありえる。で、こっちの責任者がガサの目途が立った頃合いを見計らって、『ほんまやったら（抵抗した者を）パクるところやけど、どうするんや』と、なかば脅しながら向こうと話し合っていました。結局、痛み分けで、ことを荒立てんよう、その場で事態を収めていましたね」

そんな激戦が、捜査当局に予想外の成果をもたらすケースもある。前述した極心連合会に対する家宅捜索での現金の押収が、まさにそうだ。が、それだけではない。このとき橋本弘文の自宅から出てきたのが、島田紳助との交友を記した動かぬ証拠だったのである。

記者会見の嘘

「(極心連合会会長の橋本弘文に)トラブルを解決してもらい、感謝の気持ちがあった」

二〇一一年八月二十三日午後十時過ぎ、島田紳助の記者会見が始まった。紳助の隣では、所属するよしもとクリエイティブ・エージェンシー社長の水谷暢宏が、不安げな表情を浮かべている。紳助は時折、ハンカチで涙を押さえながら、苦しい弁明を繰り返した。

「十数年前なんですけど、昔からの友人であるAさんに相談したところ、Bさんに頼んで（トラブルを）解決してもらったんです。……僕の知らないあいだに解決した」

会見の席では実名こそ明らかにしなかったが、紳助の口にした旧友のAが渡辺二郎で、Bが極心連合会会長の橋本弘文である。島田紳助は渡辺を介して、橋本と知り合い、交友を持つようになった、と会見で告白した。

本人も認めるように、渡辺二郎は紳助とは昵懇《じっこん》の間柄だ。大阪随一の繁華街であるキタ新地の高級クラブなどでいっしょに飲み歩く姿を何度も目撃されている。ただし会見では、極心連合会の橋本との付き合いについてはさほど濃密ではなかった、と強調した。

「B（橋本）さんと直接会ったのは五回だけ。最後は四年半前に（島田本人の経営する飲食）店に来て、二十分ほど話しました」

橋本という山口組の大幹部との接触については、常に渡辺があいだに立っていて直接の接点はわずかだったかのように強弁した。橋本に用があるときは、携帯電話で渡辺にメールを送り、渡辺を通じて話をしてきたという。暴力団との交流が公には認められないと本人が自覚しているからこそ、いかにも交わりが少なかったかのように話したのだろう。

しかし、世間はそう甘くない。橋本との仲介役の渡辺自身が、山口組極心連合会の相談役と大阪府警により認定されている。暴力団組織の一員であり、暴力団関係者にほかならない。なにより会見では、よしもとクリエイティブ・エージェンシーの水谷でさえ、渡辺が暴力団関係者だと認めていたのである。だが、この点について島田紳助は、こう嘯《うそぶ》いた。

「僕はいつから（相談役に）なられていたかも知りませんでした」

そして、返す刀でこう吐き棄てた。

「芸能界はこの程度で辞めなければならないんです。（橋本本人や夫人とやり取りした）手紙があるとか、（いっしょに撮った）写真があるとか……、そんなことは一切ないですから。それでも会社からは、業界のルール、芸能界のモラルとして駄目だと言われた。若い後輩にしめしがつかないので、いちばん重い処罰を自分に着せたんですぅ」

電撃引退会見における島田紳助の言い訳は、誰の目にも不自然に映った。わけても引退会見における弁明そのものが、外連味《けれんみ》たっぷりであてつけがましい。

過去、芸能人やスポーツ選手と暴力団関係者との交友は何度も発覚してきた。ときにそれが刑事事件にまで発展し、有名タレントが芸能界を追放されるケースもある。とりわけ昨今は、芸能プロダクションにも企業コンプライアンスが求められるようになってきたため、タレントは暴力団関係者との会食が発覚するだけで、ペナルティを科せられることも少なくない。暴力団との交際が明るみに出た以上、芸能人の責任は免れない。それはたしかだ。

しかし、本人の言うように通算で五回ほどしか会っていない浅い付き合いしかしていないにもかかわらず、人気絶頂のタレントが引退したケースがあるだろうか。極めて不可解である。

「（紳助が出演した）日本テレビの『24時間テレビ』の放送が終わるのを待って、引退を発表したのではないか」

とも囁《ささや》かれたが、それも電撃引退の理由としては、説得力がない。それゆえ、本当の引退理由は別のところにあるのではないか、と取り沙汰され続けたものだ。

紳助電撃引退会見の引き金となったのは、元世界チャンプの渡辺二郎とやり取りをした際の携帯電話のメール記録だとされる。プロボクシング引退後、何度も刑事事件を引き起こし、山口組関係者と認定されるにいたった渡辺と紳助とのメールのやり取りは、実に百六通におよんだ。そのメールには、極心連合会会長の橋本弘文との黒い交際が如実に表れている。たとえば〇五年六月十日のメールはこうだ。

〈こないだ会長の顔みて、ほっとしました。縁あって知り合い、ほんま心ある関係にさしてもらいうれしいです。会長に心配していましたと言う前に、紳助、心配しとったんやといわれました！すごい方ですね。ありがとうございます！感謝です。二郎さんと（橋本）会長に守られていると思うと心強いです！これからもずーとがんばります　ありがとうございます！〉

また、九月九日付メールには次のようにも書かれている。

〈（橋本会長は）ほんまええ人ですよね　熱い熱い人ですから　二郎さんがいて全て　なりたってるんで感謝です！これからも　よろしくお願いしますね〉

前述したように、この年の十一月には、極心連合会に対する家宅捜索がある。山口組の若頭だった宅見勝暗殺に端を発した山口組壊滅作戦の真っ只なかの交信記録だ。六代目体制になって初めて総本部に対する大がかりなガサ入れがおこなわれた〇六年三月、紳助は大阪府警の捜査に触れ、渡辺へこうメッセージを送った。

〈（橋本）会長心配です！ほんま警察むかつきますね！昨夜山下頭（注・極心連

合会・山下昇若頭のこと）の夢見ました。会われたらよろしくお伝えください〉（〇六年三月二十七日付）

まるで親分子分の身うちのやり取りのような心配の仕方である。

〈（漫才の相方である）竜介今日検査したら、脳死でした。機械はずせないから今うるさいから、明日から一般病棟に移り、悲しいけど心臓止まるの待つ状態です！1カ月かな？悲しすぎます、眠ってるみたいで！〉（同年三月二十八日付）

かつてコンビを組んだ友人に迫る死をこう悲しんだメールもある。だが、圧倒的に目立つのは極心連合会の橋本への気づかいだ。

〈20日5時半で会長御一行8名です。ぬかりなく接待しておきます〉（同年七月十四日付）

〈会長元気そうでした、裁判もいい感じみたいで、安心してます。二郎さんもくれぐれも体調に気をつけてくださいね。私は明日、胃と腸のカメラですからただ今絶食中です。つらいから、もう寝ますわ〉（同年七月二十六日付）

表向き芸能界引退の理由は、こうしたメールの記録を吉本興業が島田紳助に突きつけ、当人も認めざるを得なかったからだとされる。実際、これほど濃密な暴力団関係者との交流が白日の下《もと》に晒《さら》されたら、相当な打撃に違いない。しかし、それがタレント人生に幕を引くまでのことか、といえば、そうではないのではないか。引退会見には、数々の矛盾がある。あくまで渡辺二郎を介した関係だと強調していたのは、「芸能界を去るほどではない」という同情論を喚起する狙いがあったようにも受け取れるのだ。

そしてなにより釈然としないのは、島田紳助が引退を表明した記者会見で明らかに嘘をついていたせいだ。その嘘は何を意味するのだろうか。引退会見で否定してみせた橋本周辺との手紙のやり取りや彼らといっしょに収まっている写真は、間違いなく存在する。それが、〇五年の大阪府警による家宅捜索で掘り起こされていたのである。少なくとも大阪府警のマル暴刑事たちは、極心連合会の橋本と紳助について、本人が言うほど希薄な人間関係だとは見ていない。むしろ両者の蜜月関係に確信を得ていたといえる。

全否定からの方向転換

「ガサで引き上げる〝押収物〟は、事件を立件するためのものばかりではありません。大切なのは事件の背景であり、たとえば手紙や写真なんかは、ヤクザの行動や交友関係を知る上で貴重なのです。極心連合の橋本のガサで引き上げたなかに、まさにその島田紳助の直筆の手紙が出てきた。捜査本部は沸きましたね」

祝井十吾は、偶然、島田紳助の記者会見をテレビで見ていたという。「この程度の付き合いで芸能界を去らなければならない」と何度も繰り返す紳助の釈明に対しては、「特段腹も立たないが、笑うほかない。それより極心連合会に対する〇五年の家宅捜索の光景が甦ってきた」と、後日そう語った。

「紳助は、本人だけやのうて、家族ぐるみで極心の橋本と付き合いしとるんです。ガサのときには、（橋本の）嫁はんといっしょに写っている写真なんかもいっぱいあった。紳助は沖縄の石垣島や宮古島で、ペンションやカフェテラスを経営しているでしょ。そこに橋本の嫁はんを呼んだことがあったみたいです。で、そのときにたまたま嫁が海辺でケガをした。紳助からの手紙には、『足はその後どうですか』というような見舞いの言葉がダーと書いてある。『紳助、けっこう達筆なんやなー』と、手紙を読みながら妙に感心したもんです」

前述した通り、私はすでに〇五年の家宅捜索のときの話を祝井たちから聞いていた。それをもとに、二〇一一年の『週刊現代』五月七・十四日合併号で、「短期集中連載『大阪府警』腕利きマル暴刑事の事件簿　ガサ入れで見えた『暴力団と芸能界』」と題した記事を書いている。そこで記事が出たあとの紳助の記者会見を受け、改めて祝井に尋ねると、やはり同じように話した。

「まあ府警内部では、紳助と極心連合の関係は知られたところでした。さすがにこれだけハッキリしているケースも珍しい。写真や手紙が出てきたときは、捜査員から思わず『ホーッ』と歓声があがりましたね。橋本の嫁さんとスナックでいっしょに写っているスナップもあった。それほど親しい、いうことでしょう。どんな関係なのか、改めて極心の関係者に聞くと、『紳助からは三日にあげずオヤジ（橋本会長）のところへ電話かかってくる』ほどだったらしい」

引退会見から遡《さかのぼ》ること五ヵ月前の二〇一一年三月、私は週刊現代の連載記事を書くため、祝井たち大阪府警による極心連合会の捜索で明らかになった手紙や写真の存在について、吉本興業に事実関係を質《ただ》している。つまりもともと吉本興業側は、会見前にはじめてその事実に直面したわけでもなんでもない。それよりずっと前に、紳助の黒い交際を知っていたと考えるのが自然だろう。そのとき、週刊現代の取材に対して、吉本が返してきた回答は、こうだ。

「ご指摘のような事実は確認しておりませんので、お答えすることはできません」

（広報室）

ことは島田紳助という吉本興業でも一、二を争うトップタレントと山口組の大幹部との交友についての質問である。その事実を確認していない、とは、本人が回答を拒否したという意味だろうか。それとも吉本側に確認する意思がない、あるいは本人が否定しているので事実がないと判断した、という意味だろうか。そのあたりについて念を押して尋ねても、なんとも要領を得ず、まったく的外れで、意図的にはぐらかすような奇妙な返答しかなかった。いずれにせよこの時点では、暴力団との交際について、会社側はまったく問題なし、不問に付すという姿勢だった。

ちなみにこのときの週刊現代の記事では、紳助と橋本の橋渡しをした渡辺二郎のことについても触れている。恐喝事件で大阪府警に逮捕された〇七年以来、「極心連合会の相談役」と認定されてきた渡辺は、組事務所に堂々と名札がつるされ、捜査員たちがそれを現認している。そこを踏まえて、次のように書いた。

〈山口組極心連合会といえば、元ボクシング世界チャンピオンの渡辺二郎やタレントの羽賀研二らとの関係がクローズアップされたことがある。彼らは組員とともに株取引を巡る恐喝事件を引き起こした。

被害者が羽賀らに薦められて購入した医療関係株が紙くず同然になり、4億円の賠償を求めた。その賠償請求に対し、羽賀と渡辺ら4人が脅して止めようとしたという恐喝事件である。

07年6月30日、大阪府警捜査四課が渡辺、羽賀の二人を逮捕。このとき府警は、渡辺を極心連合会の相談役と発表する。

「事件ははじめ、所轄の警察署に持ち込まれました。そのときは、被疑者が羽賀研二ではなく、本名の當眞《とうま》美喜男《みきお》になっていたので気付かなかったけど、極心絡みだというので四課が出張ったんです。それで、調べてみると、渡辺二郎も噛んでいる。驚いたことに、組事務所に『相談役　渡辺二郎』と書かれた名札を堂々とぶら下げているやないですか。そこまでこの世界にどっぷり浸かっているわけです」

元大阪府警のベテランマル暴刑事、祝井十吾が改めて解説する。

「紳助は以前からその渡辺とも、昵懇の間柄だという話でした。紳助は若い頃ボクシングをしていたそうですけど、極心自体がもともとボクシングに肩入れしている組で

すから、そのあたりの関係からネットワークが広がったんかもわかりませんね」〉
　記事が掲載されると、渡辺は猛反発した。それはむしろ吉本や紳助よりずっと過敏な反応だったといえる。顧問弁護士を通じ、五月十四日付の内容証明付き郵便で暴力団関係者ではない、と頑なに否定してきた。その一部を抜粋する。
〈まず、大阪府警の発表ですが、貴誌指摘の事件では、大阪地裁にて当方及び羽賀研二が無罪の判決がなされており、その判決文にも当方が極心連合会の相談役であることはおろか暴力団関係者であることも認定されておりません。それゆえ、大阪府警の発表が真実ではないのです。
　また当方が関係者でない以上、「名札が堂々とぶら下がっている」わけはありません。どのような根拠で指摘されたのでしょうか〉
　かなり強硬な抗議だ。
〈よって、直ちに上記記事が誤りであることを認め、訂正する旨の文書を次週の週刊現代に記載するよう求めます。
　万一、何らのお手配のない場合、直ちに法的措置におよびますことを付言します〉
　ところが、それからわずか三ヵ月後、突如、島田紳助と吉本興業がそろって、渡辺二郎を通じた極心連合会との交際を認めたのである。おまけに記者会見では、よしもとクリエイティブ・エージェンシーの社長がみずから渡辺を暴力団関係者と位置付け、紳助の引退理由の一つにあげていた。あげく紳助は、「交際を示す写真や手紙など存在しない」などと二枚舌と嘘の会見で恥の上塗りをしてしまった。それが騒動の火に油を注ぐ結果となったともいえる。

週刊現代に記事が掲載されたときはあれほど否定したこととの経緯を振り返ると、島田紳助の電撃引退会見は唐突な方針転換と言わざるを得ない。引退劇の幕を開けた発火点は、たしかに渡辺二郎とのメールのやり取りだろう。メールの存在さえ発覚しなければ、暴力団との交際については逃げ切れると判断し、むろん吉本興業側も引退など微塵《みじん》も考えていなかったに違いない。つまるところ、吉本興業がメールの存在を知ったことが、引退の判断につながったのだろう。とすれば、いったい誰が何の目的で吉本にメール記録を持ち込んだのか、そこがポイントになる。その引退の真相について解き明かそうとすれば、やはりキーマンは渡辺二郎をおいてほかにいない。

どっぷり浸かった渡辺二郎

図らずも引退会見で当の島田紳助が認めていたように、紳助と極心連合会の橋本弘文との交友関係が深まったのは、パイプ役の渡辺がいたからだろう。メールの文面からすると、そこに疑問の余地はない。では、なぜメール交信という極めてプライベートなやり取りが、漏れてしまったのか。少なくともその中身は紳助にとって非常に都合の悪い内容だから、出所は本人ではないだろう。となると、残るはもう一人しかいない。最終的に誰が吉本興業に持ち込んだのかという疑問は残るにしろ、件のメールのそもそもの出所は渡辺二郎か、あるいはその周辺でメールの文面を入手できる立場の人間ということになる。

ボクシング引退後の渡辺は、一九九五（平成七）年の恐喝未遂（起訴猶予処分で釈放）を皮切りに、数々の刑事事件を引き起こしてきた。九九（平成十一）年の銃刀法違反事件は、渡辺が自動小銃の売買に関与し、売り渡した銃が実際の殺人に使用されている。このときの公判では、紳助が情状証人として出廷して話題になったが、その甲斐なく実刑判決を受けて服役した。

そこから出所した後の〇七年六月三十日、渡辺は性懲りもなく、医療関連会社の未公開株取引で不動産業者の投資家を騙し、詐欺容疑で逮捕される。このときの相棒が羽賀研二だ。羽賀に勧められて購入した医療関連株は会社が倒産して紙くず同然になり、詐欺だとして被害にあった不動産業者が四億円の賠償を求めた。すると、今度は渡辺たちが賠償請求に対し、「取り消さんとさらってまうで」と脅して止めようとする。その渡辺の恐喝したときのパートナーが、山口組系極心連合会の組員だった。そこで大阪府警捜査四課が乗り出し、投資詐欺に加え、暴力団がらみの恐喝未遂事件として四人を逮捕・起訴するのである。

そしてこのとき渡辺を摘発した大阪府警が、渡辺が極心連合会の相談役だと異例の発表をする。祝井十吾も、その渡辺や羽賀の捜査をしてきた一人だ。改めてこう述懐する。

「事件は、われわれのいる府警本部ではなく、天王寺の所轄署に持ち込まれた被害届が発端でした。はじめは羽賀研二を対象に捜査が進められていました。被害届に書かれていた被疑者の氏名は『當眞美喜男』。はじめ、それが誰かわからず、単に共犯に極心連合会の組関係者がいることから、府警本部に捜査要請が来て四課が出張っていった。で、こちらで被疑者の當眞美喜男というのが羽賀研二の本名だと気付き、『おもろいやないか』となったんです。しかも、被害者を脅していた連中のなかに渡辺二郎もいるやないですか」

警察にしろ、検察にしろ、概して捜査当局は、新聞にも載らないような地味な事件を好んで手掛けようとはしない。山口組の直系組織である極心連合会が絡んでいるとはいえ、所轄の警察署から依頼のあった目立たない事件は気乗りがしないわけだ。だが、ターゲットが著名人となると話は別だ。俄然やる気を出す。祝井たちはさっそく極心連合会の事務所を直撃したという。

「筋としてはさほどいい事件とも思わへんかったけど、渡辺らが脅しているのは間違いないし、身柄をとることはできるやろうと、向かったんです。すると驚いたことに、組事務所に『相談役渡辺二郎』と書かれた名札が堂々とぶら下げられているやないですか。（著名人が）あっこまでこの世界にどっぷり浸かり、平気で名前まで出しているのは、あまり知りません」

そこから、詐欺・恐喝事件を引き起こした渡辺・羽賀と極心連合会の組員たちが起訴され、問題の公判が開かれていく。

公判では、極心連合会の組員たちがあっさり罪を認め、恐喝未遂罪で有罪が確定する。だが、渡辺や羽賀はあくまで無罪を主張した。いったんはその法廷戦略が的中したかに見えた。〇八（平成二十）年十一月二十八日、渡辺側が用意した「投資家の不動産業者が紙くずになった医療関連会社の株の元値を知った上で購入した」という取引に関係した歯科医の証言により、大阪地裁は無罪判決を言い渡した。つまり被害者は、もともと件の株が二束三文なのを承知の上で、上場をアテ込んで投資話に一枚乗った、いわば〝共犯関係〟にあり、詐欺や恐喝は成立しないという。しかし、ことはそううまく運ばなかった。検察側による控訴後、公判は大阪高裁に移され、歯科医の証言が偽証だったと判明する。そこから渡辺たちは厳しい状況に追い込まれていった。その控訴審判決があったのは一一年六月十七日だ。

実は、前述した週刊現代五月七・十四日合併号の記事が出たのは、奇《く》しくもこの大阪高裁の二審判決を間近に控えた時期にあたる。タイミングを合わせたわけではないが、今となっては渡辺が記事に過敏に反応し、頑なに「極心連合会の相談役などではない」と否定してきた理由もうなずける。とりわけ投資家に対する恐喝未遂は、渡辺が極心連合会の組関係者と共謀して引き起こした事件であり、判決を前に組の「相談役」などと書かれてはたまらない、ということだろう。

一方、島田紳助はといえば、大阪府警がガサ入れで紳助と極心連合会の橋本との交友について把握していることぐらい承知のはずだ。府警のなかでは文字どおり、紳助―渡辺―橋本、というラインが、マル暴周辺の内偵捜査の線上でつながっていたのである。ただし、記事に書いた写真や手紙については、大阪府警が押収したというだけであり、現物が流出したわけではない。紳助や吉本興業は誤魔化そうと思えば、できないことはないと判断したのだろう。紳助が暴力団との交際を認めてしまえば、盟友の渡辺二郎の控訴審判決にも影響する。そんな判断が働いたのかもしれない。いずれにせよ、高裁判決前の二人は一蓮托生だったと言える。だが、結果は彼らの望みどおりにはならなかった。この渡辺二郎の詐欺・恐喝未遂事件における公判の成り行きが、島田紳助の身に大きな影を落とす結果になる。

メールを流出させた狙い

週刊現代の記事が出てからひと月半後の一一年六月十七日、大阪高裁は一審の無罪判決を破棄し、渡辺に対して懲役二年、羽賀には懲役六年の実刑判決を下した。そして問題のメールは、渡辺の公判に検察側の証拠資料として提出されていたのである。もとは詐欺・恐喝容疑で大阪府警捜査四課が〇七年六月に逮捕した際の家宅捜索によって押収されたものであり、本来は渡辺と極心連合会の親密度を示す有力証拠だ。それがなぜか流出し、紳助を襲った。いかなる経緯で流出し、紳助の引退を招いたのか。

元来、携帯のメール記録は、手元の端末から消えていくが、サーバーには残る。それを復元できるのは電話会社か捜査当局くらいだ。従って流出した記録そのものをたどれば、もとは大阪府警でしかない。事実、そのメールは府警が携帯電話の記録を何年にもわたって遡って解析し、裁判向けにプリントアウトされている。

これをもって、メール記録は捜査側から渡辺らの公判とは関係なく吉本興業へもたらされた、と早合点する向きもあった。それも理解できなくはない。吉本側も会見で「情報源については迷惑がかかるので言えない」と曰《いわ》くありげに口を閉ざしてきたため、府警OBによる流出説の信憑性が増した。だが、元マル暴刑事の祝井は否定する。

「数は少ないけど、吉本グループには府警のOBも天下っている。だから、最初は府警も内部の情報漏れを疑い、犯人探しをしていました。しかし、どうも違う。公判の関係者の中から飛び出したのは間違いないでしょう」

公判の証拠として提出されたとなれば、被告人である渡辺・羽賀の両人はもとより、弁護団もメール記録を手にできる。つまり吉本サイドにもたらしたのが府警の関係者でないとすれば、渡辺サイドによる流出の線が濃厚になるわけだ。

「仮に渡辺が自分の公判の中で飛び出したそんなメールの存在を知ったとする。それからどう出るでしょうか。これまでの二人の関係からしたら、真っ先に伝えるのは紳助でしょう。それは紳助にとって脅威。結果、身動きがとれず、吉本に相談したのではないでしょうか」（府警関係者）

といっても、渡辺二郎が吉本に紳助とヤクザ組織との関係を伝えて、何のメリットがあるだろうか。島田紳助の引退記者会見は、一審で無罪を勝ち取った渡辺らが、二審の大阪高裁で逆転有罪判決を言い渡された二ヵ月ほどあとのことだ。控訴審の実刑判決という、渡辺二郎にとって予想もしていなかった展開に、困り果てていた時期に重なる。最高裁に上告するにしても、望みは薄い。残る手段は、詐欺罪に問われた株取引で四億円の損害賠償請求をされている被害弁償をし、刑を軽くしてもらう程度、というのが、法律の専門家のもっぱらの見方だ。そこで、「ひょっとしたら、紳助に被害弁償のカネの無心をしていたのではないか」（前出・府警関係者）という臆測も流れた。が、それは定かではない。

引退会見の直後、紳助は奇妙な行動をとっている。「会見どうでしたか」と渡辺に電話を入れているのだ。いかにも意味深な電話であり、なぜそんな行動をとったのか、謎を呼んだ。

本人が会見で強調したように、精査するとメールのやり取りから浮かび上がって来るのは、渡辺を通じた極心連合会との付き合いに限られる。それが、いわばワンクッションを置いた暴力団との交友という弁明を可能にしているのである。ところが、その苦い弁明はすぐに破綻した。

写真については、のちに写真週刊誌『FRIDAY』（二〇一一年九月二十三日号、十月二十一日号）にすっぱ抜かれ、紳助の面目は丸つぶれとなる。その写真には紳助と橋本だけでなく、山口組ナンバーツーの髙山清司までいっしょに収まっており、波紋を呼んだ。そんなストレートな山口組重鎮たちとの交際や手紙にあるような家族ぐるみの付き合いを伏せようとした結果、紳助はちぐはぐな弁明を繰り返すほかなかったといえる。そこに今度の電撃引退劇の奥深さを感じる。

島田紳助と山口組の橋本との関係が、当人のいう「五回しか会っていない」ような単純なものではないのは明らかだろう。だからこそ引退会見まで開いてなお、嘘をつかざるを得なかったのではないか。そう見たほうが妥当ではないだろうか。

島田紳助は山口組系極心連合会会長の橋本弘文と、どのように関係を深めていったのか。大阪府警のマル暴刑事たちは両者の関係をどう把握していったのか。これまでぼんやりとしか伝わっていないその疑問を改めてひもといていく。

黒い交際の原点

記者会見によれば、紳助が極心連合会会長の橋本と知り合うのは、十数年前の右翼団体とのトラブルがきっかけだとされる。関西のローカルテレビ番組で、右翼の街宣活動を茶化し、怒りを買った紳助が悩んで渡辺二郎に相談。渡辺が極心連合会の橋本にトラブル処理を頼んだ、というのが定説になっている。

だが、しょせんこれも吉本・紳助側の記者会見を鵜呑みにした話に過ぎない。仮にそれが知り合った端緒だとしても、ここから双方がどのように関係を深めていったのか、その説明がない。それだけにいま一つ説得力もない。

また本当にそうなら、ヤクザ組織に右翼団体が抑えつけられたと公表されたことになる。そうなると右翼側のメンツはどうなるのか。新たなトラブルの火種になりかねない話だ。それを平然と記者会見で暴露するからには、当該の関係者に対し、「こういう話をするからよろしいでしょうか」という事前の根回しがあったと見るのが妥当ではないか。つまり、打ち合わせ済みの発表にも見える。

祝井十吾らマル暴刑事たちも、島田紳助と極心連合会との交友が、十数年前からだと指摘する。が、縁を深めていった過程は、表向きの発表とは随分ニュアンスが異なる。

「私らが把握していないだけかもわからんけど、きっかけが右翼とのトラブルとは聞いてへんかった」

祝井はそう語る。

「紳助はバイクのレーシングチームを結成し、鈴鹿に出場していた時期があったでしょ。それがあまりうまくいかず、資金繰りに困っていたと聞いています。事業欲の旺盛な紳助は、そのあたりから不動産投資に切り替えたんだと思います。極心の橋本と懇意になっていったんも、そうした時期と重なるんです」

ヤンキーあがりが自慢の島田紳助は、第一次漫才ブームのあとも生き残り、一九八五（昭和六十）年にオートバイのレーシングチーム「チーム・シンスケ」を結成する。そのチーム・シンスケは翌八六（昭和六十一）年から九五（平成七）年までおよそ十年にわたり、鈴鹿の八時間耐久ロードレースに出場した。だが、これが大失敗に終わる。そして紳助が、次に手を出したのが不動産投資だった。引退騒動で紳助の不動産好きはすっかり有名になったが、物件漁りはレーシングチームの失敗からスタートしている。それが九〇年代半ばのことだ。

が、その時期がよくなかった。九一（平成三）年のバブル経済崩壊後、日本経済は「失われた十年」と呼ばれる不況に突入し、九七（平成九）年には金融不況によって大企業がバタバタと倒産する。四大証券の一角だった山一證券の自主廃業や、都銀の北海道拓殖銀行の経営破綻が相次いだ頃である。

ところが、そんななかにお笑い芸人が不動産投資に手を出し、成功をおさめていったことになる。むろん、紳助は不動産取引については素人同然だ。それだけにマル暴刑事の祝井たちも首を捻《ひね》った。

「九〇年代半ばには、紳助と極心の橋本がかかわる不動産絡みの情報が、府警の四課にあげられるようになりました。極心の橋本は五代目（山口組組長）の渡辺（芳則）の出身組織である『山健組』の若頭を務めて財力を蓄え、地上げに熱を入れた。少なくとも不動産投資は二人に共通する関心事だったのでしょう」

心は一つ――。島田紳助は渡辺二郎の携帯にそうメールを残していた。言葉はありふれているが、やはり紳助―渡辺―橋本というラインの密度の濃い人間模様を連想させる。紳助はことあるごとに不動産取引における暴力団の関与を否定し続けてきたが、その接点は本当になかったのだろうか。

第二章　新山口組壊滅作戦

まだ梅雨の明けていない二〇〇八（平成二十）年六月下旬のことだ。この時期の大阪は早朝五時前になると、空が白みだし、住宅街の雀が鳴きはじめる。まだ肌を刺すような真夏の強い日差しではないが、日光が庭の土を熱するので、湿気を含んだじめっとした空気が立ちのぼり、肌にべたつく。午前六時過ぎ、いつものように家人が玄関の扉を開け、朝刊を取りに郵便受けに向かった。すると、ゴツン、と足元に何かがあたり、違和感を覚える。視線を向けると、そこには真っ赤な血に染まった犬の死骸が横たわっていた。

「山口組の集中取り締まりをしていたさなかのことでした。とつぜん、『班長の家が重点警戒の対象になったから頼むで』と、若手の捜査員に指示があったんです。実はその理由が、幹部の家に犬の死骸が放り込まれたからでした」

大阪府警捜査四課のベテラン刑事たちが口をそろえて話す。今も語り草になっている事件が、捜査幹部宅への暴力団ならではの荒っぽい嫌がらせだ。元マル暴刑事の祝井十吾が、みずからの貴重な捜査体験を明かす。

「長年、暴力団を相手にしているから、そんな事態がないとはいいません。けど、やっぱりこっちへ直接向かってくるのは珍しい。その前はたしか平成八（一九九六）年に、京都『中野会』の中野太郎（会長）が襲われたときの捜査の渦中でした。あのときは犬ではなく猫の死骸やった、捜査班の班長のところに放り込まれたんは。それから、だいたい十年ぶりでした。山口組の取り締まりは全国的に広がっていますから、向こうも、必死なんでしょう。ずっと、全面戦争の様相を呈していますね」

山口組壊滅作戦といえば、三代目組長の田岡一雄が組織の勢力を全国へ広げていた一九六四（昭和三十九）年の「第一次頂上作戦」が有名だ。このときはナンバーツーの若頭、地道《じみち》行雄が山口組の解散まで考えたと伝えられる。

それから四十年以上経過している。山口組は、すでに六代目組長、司忍にまで代替わりしている。が、その勢力は衰えるどころか、全国の暴力団組織を次々と制圧し、組織を拡大してきた。

その構成員数は二〇一一（平成二十三）年時点で一万五千二百人、準構成員数も一万五千八百人を抱える。三万一千人というその勢力は、七万三百人だという日本全国の全暴力団構成員・準構成員数の四四・一％を占める。それだけに警察が取り締まりに躍起になるのは無理もない。島田紳助の引退騒動以来、暴力団排除条例や改正暴力団対策法がクローズアップされているが、山口組に対する警察の頂上壊滅作戦はそのずっと前、五代目組長から六代目体制に移行するときから続いている。

九七（平成九）年八月に起きた五代目組長の渡辺芳則時代の若頭・宅見勝射殺事件をきっかけに、山口組の組織が割れた。そこを好機ととらえ、警察庁が新たな頂上作戦を開始する。それが現在の第二次山口組壊滅作戦である。その猛烈な取り締まりは、第一次頂上作戦をしのぐとも言われる。なかでも、警察庁の最も精力を傾けているターゲットが、愛知県名古屋市を本拠地とする「弘道会」、六代目組長・司忍の出身組織である。全国に百近くある、直参と称される山口組直系二次団体のなかでも、弘道会は最大級の勢力を誇る。

そのトップだった司は、前述した宅見射殺事件の捜査で、銃刀法違反に問われた。〇五（平成十七）年七月、六代目の山口組組長に就任した年の十二月から五年半近く服役し、一一年四月に出所した。茶色の革帽子にダークスーツ姿というマフィアスタイルの司が、東京の府中刑務所から出てきたところをメディアのカメラがとらえ、大々的に報じられた。

警察庁の第二次山口組壊滅作戦で、弘道会を集中的に狙い撃ちにしたのは、この六代目組長の不在期間だといえる。司が戻ってくる前に壊滅的な打撃を与えようとしてきただけに、相手の反発やハレーションも大きい。その捜査の陣頭指揮を執ったのが、第二十二代警察庁長官の安藤隆春だった。

一九四九（昭和二十四）年八月、愛知県の一宮市生まれ。みずからの故郷である愛知県を根城に、ここまで巨大になった弘道会に対し、忸怩《じくじ》たる思いがあったのかもしれない。安藤は〇九（平成二十一）年七月の長官就任直後から、山口組首脳を標的にした頂上摘発指令を発した。

「司の出所前に山口組に決定的な打撃を与えろ」

安藤は全国の警察にそう命じ、取り締まりが本格化する。おかげで、これまで県警ごとに濃淡のあった警察の取り締まり方針が徹底され、効果をあげてきたとされる。司出所を目前に控えた一一年一月二十六日、安藤は全国から暴力団担当の幹部捜査員を集め、最後の檄を飛ばした。

いまが山口組・弘道会を壊滅させる千載一遇の好機だ――と。

ナンバーツー逮捕の波紋

六代目組長不在のおよそ五年半、集中的におこなわれた山口組壊滅作戦において、警視庁とともに捜査の中核を担ってきたのが、大阪府警である。全国にちらばる警察の暴力団担当捜査係のなかでも、大阪府警の捜査四課は猛者ぞろいとされる。

わけても本書の主人公である祝井十吾たちは、山口組をはじめとした広域暴力団の捜査を三十年以上続けてきた、エキスパートとして通った手練《てだ》れのマル暴刑事だ。その祝井たちはみずからが直面した捜査幹部に対する個人的な嫌がらせに対し、むろん黙っていない。

「それだけ向こうも、神経がピリピリしているいうことでしょう。警戒するんは当たり前ですけど、犬を放り込んだ奴は徹底的に洗います。〇八年のそれは、大阪にある直参のエダ（傘下）、つまり山口組の三次団体のところやった。かなり骨があって凶暴なところやね」

祝井は平然と話す。そこまでは突きとめているが、内偵にとどめたという。

「この一件があると同時に、『暴力団担当（刑事）の自宅を四分の三まで把握した』という噂が広まってきた。脅しがわれわれに聞こえるよう、意図的に捜査関係者に近い人物に話すのが、奴らのやり方です」

大阪府警をはじめとした警察当局と山口組の緊張感は、司忍の出所を控えた二〇一〇（平成二十二）年から一一年にかけ、最高潮に達していく。組長が戻ってくれば組織固めをするのは目に見えている。それまでにできる限り弱体化させる必要がある、と警察当局は考えた。対する山口組はそれを阻止するため、防御策に必死だ。

そんな史上最大の山口組壊滅作戦において、一〇年十一月十八日に大きな出来事があった。それが、京都府警組織犯罪対策二課による山口組若頭、髙山清司の逮捕である。

髙山は司と同じく、弘道会を出身母体としてきた。初代弘道会会長だった司が山口組組長に昇格するのに伴って〇五年三月、弘道会の会長ポストを髙山に譲った。それまで髙山は弘道会のナンバーツーである若頭だったが、そこから二代目弘道会会長となる。弘道会のトップになることにより、直系組長の地位を得て、さらに山口組ナンバーツーの若頭に昇りつめたわけである。暴力団の組織では、トップである組長や会長の二番手が若頭というケースが多い。山口組全体でもそうだ。山口組当代の組長とそれを補佐するナンバーツーの若頭がともに弘道会出身であり、その結束は固い。

起訴状によれば、髙山は〇五年七月末から〇六（平成十八）年十二月にかけ、「山口組系淡海《おうみ》一家」（滋賀県大津市）の総長、髙山義友希《よしゆき》らと共謀し、京都市内の建設業者から四千万円を脅し取ったという。恐喝事件である。山口組全体のナンバーツーである髙山の逮捕は、組織にとってこれ以上ない痛手といえた。しかもその一ヵ月後の十二月には、大阪府警が山口組総本部長の入江禎《ただし》を検挙した。山口組総本部長は組織上、ナンバースリーに位置付けられている。

このときの入江の逮捕容疑は、抗争で服役した組員に対する褒賞金として、組員の内縁の妻の口座に三百九十万円を振り込んだ、という暴力団対策法違反だ。刑務所にいる暴力団組員の家族の面倒を見るのは、この社会ではなかば常識であり、従来は警察も見逃してきた。敢えてそれを摘発したのだから、捜査史上まれに見る強硬手段といえる。むろん山口組サイドの反発は強いが、半面、組織のトップスリーまで塀の内側に放り込んだ捜査当局の執念には一定の評価もあった。こうして警察と山口組が真っ向からぶつかっていったのである。

弘道会は総勢三万一千人の山口組のうち、組織全体の一割以上をしめる三千四百人の大部隊だ（二〇一一年時点）。組員の数では兵庫県の山健組より少ないが、当代組長を出した組の存在感は絶大である。髙山清司は司忍の右腕であり、次期、山口組組長と目される。

「警察が弘道会の髙山を狙い撃ちしているのは、やはり山口組の当代（六代目組長）を出しているからです。五代目組長の渡辺芳則の出身である神戸の山健組が隆盛を極めたように、当代の組長を出した直参は、組織内で群を抜いて強い」

ベテランの祝井十吾は、そう解説する。その組織をまともに叩いた検挙は、京都府警の大金星といえた。

暴力団が関係する事件や逮捕劇は、概して別世界の出来事のように思える。だが、その組織運営のあり方は、一般企業や政党のそれとさほど変わらない。とくに政治の世界は、そのあり様《よう》がよく似ている。自民、民主を問わず党内で派閥争いが繰り広げられるように、暴力団組織でも常に権力闘争がある。その派閥の勢力地図を分析しながら、どこを狙えば最も効率よく組織の弱体化を図れるか、警察はそこを頭に入れて捜査に乗り出す。先の祝井もこう言う。

「本来、弘道会に対抗できる組織の筆頭が山健組であり、組員、準構成員の数でいえば七千人規模と最大です。しかし、篠田（司忍の本名）が〇五年十二月に服役し、あとを任された髙山は、先代の山口組五代目時代からの世代交代を進めた。おかげでこれまで〝わが世の春〟を謳歌していた山健組が、大打撃を受けたんです。また、山口組内でいち早く東京に経済基盤を築いた『後藤組』の後藤忠政組長なども六代目体制で引退した。なんだかんだといっても一般社会と同じように、暴力団の力も経済力に比例します。カネがあるから力を持ち、力があるからカネが集まる。いまや弘道会の天下といえます」

　警察庁長官の安藤が、弘道会を最大のターゲットに掲げる理由がここにある。

「弘道会は当代の出身組織という威光と資金力を使いわけ、山口組内だけでなく、他の団体にまで影響力を行使していると見ています。暴力団組織は、他団体でも組織へ資金を融通する慣習がありますが、借金したほうは弱みを握られる。資金繰りの苦しい他団体に対する貸し付けをしてそれを梃子《てこ》に、その組織の人事まで介入する。そうしたやり方で勢力を広げてきた。髙山にはその才覚があると見ています」

　事実上、髙山清司は山口組の組織運営を差配してきた。その逮捕は、日本の暴力団社会に衝撃をもたらした。

京都における件の恐喝事件は、どのようにして摘発されたのか。この先、捜査当局は何を狙っているのか。みかじめ料を脅し取られたという渦中の建設業者にインタビューした。

被害者の告白

恐喝事件の被害者である建設業者は、京都府に住む上田藤兵衛《とうべえ》という。事件通のあいだでは知られた人物である。建設会社グループを運営する一方、部落差別問題に取り組み、「同和団体会長」の肩書を持つ。上田が率いる同和団体は自民党の後押しで旗を揚げ、上田自身、地元京都府選出の代議士だった野中広務（元官房長官）をはじめ、自民党議員との交友もある。今回の事件で、「京都のフィクサー」と報じてきたところも少なくない。

「私がお願いしたいのは、事実は事実として白日の下にできないだろうか、ということです。問題は、向こう（山口組側）が私を、暴力団の共生者のように言うていること。私は、建設業者として常識の範囲内で事業をしてきた。ですから、決して彼らの共生者ではありません。私らは純粋な被害者です」

　頑丈そうな大きな身体にスキンヘッドがよく似合う。風貌どおり押しが強い。本人と会うのはこのときが初めてではないが、初対面のときのような緊張感があった。張りのある声にはやはり迫力がある。

　一般に報じられてきた事件そのものの端緒は、〇八年九月二十六日の出来事とされる。弘道会会長の髙山清司の側近である山口組系淡海一家の髙山義友希らが、京都市内の「ウェスティン都ホテル京都」に上田を呼び出して部屋に監禁し、五百万円を脅し取ったとされる事件だ。

「彼らははじめ、『五百万円の恐喝ぐらいやからどうということない』と軽う見とったみたいです。私自身、この問題について大きくしようとは思うてなかったからね。ところが、実は警察は弘道会の動きに対し、平成十七（〇五）年以前から、いつ彼らが京都に入ったとか、誰と会うとるとか、ずうっと地道に捜査を積み上げてきてたんやね」（上田）

　二人の「髙山」が登場するので混同しやすいが、実は同じ京都近郊に住む髙山義友希と上田は、知らない仲ではない。そのため当初は、当事者間でことを構えるつもりはなかったという。だが、そこに目をつけたのが警察当局だった。弘道会の頂上作戦は、すでに六代目体制が発足した〇五年の前から布石が打たれていた。事件は巷間囁かれているより、もっと根が深い。

山口組若頭と直系二次団体の組長は、いわば組織内における上司と部下のような上下関係にある。髙山清司自身も弘道会という二次団体のトップには違いないが、山口組の若頭として二次団体の組長たちを束ねている。

その髙山清司と淡海一家の髙山義友希は、山口組の組織内でもとりわけつながりが強い。それは髙山義友希の経歴によるところが大きいかもしれない。淡海一家の髙山は、京都の「会津小鉄会」四代目会長だった髙山登久太郎《とくたろう》の長男で、大学卒業後、信用金庫勤務などを経てこの世界に入った人物だ。もとはといえば、父親が率いた会津小鉄会は山口組と一線を画した対抗組織だったが、息子の義友希は〇三（平成十五）年に弘道会に加入し、滋賀県大津市を拠点に、別組織として淡海一家の旗を揚げた。淡海一家の髙山はまず弘道会の傘下で弘道会の舎弟頭補佐役となり、〇九年に直参と呼ばれる山口組の直系二次団体に昇格する。

ちなみに上田に対する恐喝事件について、警察当局は、山口組が東京進出を図るため、指定暴力団「國粋会《こくすいかい》」を組織の内紛に乗じて傘下に収めたときの手口と似ていると見る。そうした見立てで、京都で内偵捜査を重ねてきた。ある警視庁の捜査幹部によればこうだ。

「弘道会の監視は、ずっと続けてきました。とくにマークしてきたのが会長の高山です。たとえば東京進出を目論んだ高山は、山口組本家のある神戸からしばしば東京へあがって来た。そのときは、なぜか日本航空や全日空ではなく、決まってスカイマークに乗って来る。飛行機の最前列の席を確保し、その周囲の席を関係者で固めていました。羽田に到着したときは、五十人ぐらいの取り巻きが高山を遠巻きにガードしてきた。サラリーマンや学生のような格好をしてカモフラージュした組関係者が十重二十重《とえはたえ》に守っているんです。そして、その若頭の高山が京都入りする際は、淡海一家の高山が常に同行し、案内役をしてきた。それも掴んでいました」

○五年から続けてきた内偵捜査の成果が、「二人の高山」の共犯による四千万円の恐喝事件だという。ことの経緯は、まさしく司忍が山口組六代目組長を継承するにあたり、体制固めを図っていたころに遡る。

元来、京都では、弘道会に比肩する勢力を誇る山健組の進出が目立っていた。そこへ、当代の山口組組長を輩出した弘道会が触手を伸ばすようになり、事情が変わる。京都に近い滋賀県大津を根城にする山口組直系二次団体、淡海一家総長の高山義友希が、その弘道会の先鋒役という。つまり、六代目山口組体制下、京都に足場を築こうとした山口組ナンバーツーの高山が、淡海一家の高山に目をかけ、京都を仕切らせようとした、というのが警察当局の見方である。

そんな山口組のお家事情を背景にして起きたのが、件の建設業者、上田藤兵衛に対する恐喝事件だといえる。恐喝事件の被害者である上田は、みずから作成した年表を取り出し、この間の出来事について説明し始めた。

「一番はじめは平成十七（〇五）年です。高山清司が（司忍のあと）弘道会の二代目会長を継いだのが、三月十日。そのすぐあとの三月二十三日頃、まず、『久しぶりやなあ、藤兵衛さん』と高山義友希から電話がありました。そこで、彼らが『滋賀県で何か仕事さわってへんか』と聞いてきた。けど、私らはぜんぜん覚えがない。だから『さわってへん』と繰り返し答えていたところ、とつぜん六月六日に（京都市）山科《やましな》の私の会社に撃ち込みがあったんです」

件の問い合わせ案件とは、滋賀県日野町の清掃工場「日野清掃センター」に関する建設工事だった。実際は別人が関係していたらしいが、淡海一家の高山たちは、上田がその工事を取り仕切っていると勘違いしたという。そのせいで清掃工場の工事の分け前を要求してきたのだと、上田は話す。

懐に忍ばせた拳銃

拳銃の撃ち込み犯については、今回の起訴事実に入っていないため、犯人を特定できていない。ただし、その前に脅しがあったのは事実のようだ。

「相手にしてみたら、私らが具体的な返事を持ってきいひんからではないでしょうか。そうこうしているうち、七月四日にもまた撃ち込まれた。今度は四五口径（の短銃）でした。それも真っ昼間の三時。（京都市内中心地の）御池通《おいけどおり》室町の事務所の前に停めていた私らのベントレーに三発、バン、バン、バーンと。五条署の警察官が飛んできました。それまでの時点ではまだ電話だけの問題（脅し）でした……。そこから次にどう出てくるか、恐れおののくようになっていったわけです」

上田は努めて冷静に話した。しかし、話が核心に迫るにつれ、顔がみるみる紅潮してくる。やはり、当時の恐怖が脳裏をよぎるのかもしれない。さらに、こう言葉を絞り出した。

「次は、しばらく間があいた七月二十九日のことでした。山口組五代目の渡辺（芳則）組長が引退宣言したんです。まさにその明くる日の三十日、淡海一家の代貸（幹部）が、私に『会え』と強引に言ってくる。そこで初めて監禁されてしまうのです。このときは都ホテルではなく、東急ホテルでした」

指定された部屋は、西本願寺に近い「京都東急ホテル」のスイートルームだ。部屋に入ると、すぐに入り口を塞がれ、淡海一家の三人の若衆たちが上田を取り囲んだ。そこからおよそ二時間、軟禁されたのだという。

「懐にチャカ（拳銃）を忍ばせてね。さすがに露骨に突きつけてきたわけやないけど、それとわかるような仕草をしていました。それで、『おまえ、やっぱりさわっとるやないけ』と、クリーンセンター（清掃工場）の件を持ち出す。クリーンセンターなんか興味も持ってへんし、私自身、（同和問題の）運動をしているから、工事の現場なんかにタッチするわけがない。まったく覚えがないから、『もういっぺん徹底して調べてみんか』と言うたんです。それでも彼らは、『藤兵衛さん、そんなこと言うたかて、もういまさら逃げられへんで。談合の世界やから（外見では）わからへんからな。ウソついてもあかへん』と言うんです。三億持って来い、という話ですわ」

整理すると、山口組の六代目体制になり、弘道会会長の高山清司が若頭に就いてから、淡海一家総長の高山義友希らによる攻勢が始まり、上田は〇五年から〇九年にかけ、四千万円と五百万円を脅し取られたという。今のところこの二件、合計四千五百万円が、上田藤兵衛に対して山口組側が恐喝したとされる額である。

もっとも、事件はそうすんなりいかないという見方もないではない。恐喝事件の公判におけるポイントは、山口組若頭の高山清司と恐喝行為とをつなぐ直接の関連性だという指摘もある。若頭の高山が傘下の淡海一家に、みかじめ料を脅し取るよう指令を出し、そのカネを吸い上げていた――と立証できるかどうかが焦点だ。

恐喝事件の刑は決して軽くはない。わけても山口組若頭のような大物で、仮に四千万円の恐喝となれば、四、五年の懲役刑が予想される。刑期を前にした仮釈放も容易ではないため、山口組におけるナンバーツーの不在は長引くに違いない。弘道会壊滅の好機――、と檄を飛ばした警察庁長官肝煎りの弘道会の頂上作戦は、その狙いどおり、山口組にかなりの打撃を与えたのは確かだろう。

だがその一方で、ここまで遮二無二《しやにむに》ひた走る捜査には、危うさすら覚える。六代目組長の出所までに是が非でも、弘道会の弱体化を図ろうとした捜査の狙いは、いったいどこにあったのか。一一年四月の司忍出所を控えたこの時期、大阪府警捜査四課の元マル暴刑事、祝井十吾にそのあたりの事情を聞いた。

「やはりナンバーツーの逮捕は大きい。そこまでは、成功していると言えます。ただし、問題はその先。四月に六代目が出所してしまえば、山口組は組織を立て直してくるでしょう」

そう警告する。〇五年十二月に収監され、五年半近く服役してきた司忍が、現場復帰するにはそれなりの時間を要する。それを差し引いてなお、出所により組織内の求心力は高まるという。

「本来、高山が組織にいたら、司を担いでそのまま組を固めたらいい。しかしそれが難しくなった以上、山口組内でも高山の次を考えているはずです。その次代のトップ候補が、弘道会の若頭である竹内照明（二代目高山組組長）。竹内は、高山が最も信頼を置いている腹心中の腹心です。いまの竹内は直参の二次団体である弘道会の若頭で、三次団体の高山組組長でしかない。そこで、四月に司が出てきたら、まずできるだけ早く竹内を直参にあげようとすると見てきました。直参になって二年、三年置いて、代替えをするという計画ではないでしょうか」

山口組組織における司―髙山―竹内という弘道会の縦のラインは崩さない。山口組では、髙山の不在に備え、竹内を事実上のナンバーツーとし、立て直しを図ろうとしていくだろうという。あくまで弘道会を前面に出した山口組の組織運営にこだわっていくだろう、というのが警察当局の見立てである。そこで警察庁はさらに山口組壊滅作戦を進めていった。

司忍の出所を目前に控えたこの頃、全国の警察当局は、七代目、八代目の山口組組長の組織を視野に入れ、捜査態勢を敷いてきたといえる。そのための弘道会頂上作戦であり、近い将来予想される山口組の竹内体制を睨んだ捜査を進めてきたのだという。

「篠田（司忍）が出所する四月までに、弘道会のワン、ツー、スリーをいっぺんに塀の中に入れてしまおうとしてきたのが、頂上作戦の本当の狙いだったと思います。まずその目玉の一つが、上田藤兵衛に対する恐喝事件。それはうまく行った。そしてその次が、熱海の岡本ホテルを舞台に、会員制温泉クラブの預託金を騙し取ったという詐欺事件でした。そこで竹内を狙った。しかし、時間切れですかね。残念ながら竹内までは届かない、というのが現状かもしれません」

一一年の時点で取材したとき、元大阪府警捜査四課の祝井十吾たちは、そう悔しがった。半面、対竹内の捜査は弘道会を管轄とする愛知県警によって着実に進行していた。一一年四月二十八日、愛知県警捜査四課が、弘道会若頭の竹内照明を詐欺容疑で逮捕する。司が府中刑務所から出所した四月九日から数えてわずか十九日ののことだ。

詐欺の具体的な被疑事実は、暴力団員の身分を偽ったクレジットカードの詐取、さらにゴルフ場で暴力団員という身分を隠してラウンドしたという行為である。名古屋地裁の裁判長はクレジットカード詐取への関与を認定し、竹内に懲役十月、執行猶予三年の有罪判決を下す。一方、さすがにゴルフ場でプレーしたときの詐欺罪については無罪とした。愛知県警としてはかなりの強行捜査というか、薄氷を踏む際どい捜査といえる。司の出所までには間に合わなかったが、それだけ警察も必死だったという裏返しでもある。

「弘道会壊滅の千載一遇の好機だ」

一一年一月、全国の暴力団捜査員を前に、警察庁長官の安藤隆春は、そこまでしなければならないとばかりに士気を鼓舞した。その発言の裏には、捜査員たちが抱くある種の危機感があったように思える。三万一千と突出した勢力を誇る山口組のなかで、わけても弘道会を狙い撃ちにしてきたのは、山口組の中枢組織という理由だけではない。弘道会にはマル暴刑事たちでさえ手を焼くある秘密部隊が存在するからだ。祝井十吾は、取材のなかでしばしばその部隊「十仁会」の名を口にした。

謎のヒットマン部隊

〇四（平成十六）年二月二十四日、大阪高等裁判所で山口組六代目組長、司忍こと篠田建市の高裁判決公判が開かれた。大阪高裁裁判長の白井万久《かずひさ》の述べたその判決理由のなかで、捜査関係者の耳目を引いた言葉がある。それが十仁会だ。

「本件で考慮すべき間接事実としては、弘道会においては、その前身の『弘田組』の当時から、抗争の際に拳銃等で相手方を殺傷する攻撃部隊として、十仁会という組織が設けられており、必要に応じて活動していた」

弘道会最強の秘密部隊――。大阪府警のマル暴捜査員たちは十仁会をそう呼んでいる。司忍が出所する前にそこに手をつけておきたい。警察庁長官・安藤の檄は、そんな現場捜査員たちの事情を察した発言だと祝井たちは理解してきたという。

繰り返すまでもなく、山口組の元若頭・宅見組組長の宅見勝の射殺事件を機に、警察庁が取りかかった大がかりな捜査の網に、のちの六代目組長となる司もかかった。司は大阪に山口組幹部が集結した折の銃刀法違反（共同所持）容疑で逮捕され、起訴される。

山口組の中核を担う弘道会のトップである司と、ボディガードとして銃を所持していた組員とのあいだに、どのような指揮命令系統があるか。それを捜査当局が立証できるか。裁判の争点は、そこに尽きた。前述した京都の恐喝事件における「二人の高山」のあいだに、どれほどの指示命令があったか、という裁判の争点と同じだ。ごく大雑把にいえば、暴力団の親分が組員に拳銃所持を指示していたとし、罪に問うた事件である。

結果、〇一（平成十三）年三月の一審判決でその立証が不十分だとして、司は無罪を勝ち取る。むろん検察側は面子が立たず、控訴した。そうして開かれたのが〇四年の控訴審判決公判だ。司にとってこの日の判決は、二度目の審判となる。ところが、判決は覆った。まさにその決め手となったのが、十仁会の存在だ。裁判長が、判決理由でその組織のあり様を指摘している。

「被告人の周辺には、傘下組織から抜擢《ばってき》されて、会長秘書の指揮の下で、被告人の身の回りの世話と警護に当たる一団の組員がおり、それが親衛隊と呼ばれることもあったこと、弘道会では、十仁会の活動に従事した組員に見られるように、組員が組織のために拳銃等を所持し……」

大阪高裁は、十仁会を司忍の護衛部隊と認定し、銃刀法違反で懲役六年の実刑判決を下すのである。折しも、山口組六代目組長昇格を前にした逆転判決だ。司は即座に上告し、十億円もの保釈保証金を払って即日保釈されて話題になったが、高裁での実刑判決は一審より大きな意味を持つ。そして大方の予想どおり、〇五年十一月二十九日に最高裁で上告が棄却されて刑が確定する。本人は十二月五日に出頭し、翌〇六年二月、府中刑務所に移監された。

大阪高裁の裁判長が判決文のなかで述べた「(司の)身の回りの世話と警護に当たる一団の組員」が十仁会であり、組長の直轄部隊といえる。

この日の高裁判決は、山口組だけでなく日本の暴力団社会全体を揺るがせた。実は無罪となった一審判決でも十仁会に触れなかったわけではないが、「本件事件当時、組織的活動を行っていたとまでは認められない」という曖昧な表現にとどめている。つまり、銃刀法違反の共謀共同正犯と認定する根拠とまではとらえていなかった。

ところが大阪高裁の公判では一転、その十仁会について「抗争の際に拳銃等で相方を殺傷する攻撃部隊」と断じたのである。換言すれば、捜査関係者にとっては、十仁会があるからこそ、銃刀法違反事件で司を有罪に持ち込めたことになる。十仁会のおかげで司の罪を立件できたわけだ。同じ刑事裁判でなぜこうも判断が異なるのか。

つまるところ、それほど正体の摑みづらい組織ということだ。十仁会については皮肉にもその全容が摑めず、大阪府警捜査四課の腕利き刑事たちも頭を抱えてきた。むろん元マル暴担当である祝井十吾も長年監視し続けてきた捜査対象である。が、なかなかその実態を把握できていない、と正直に吐露する。

「十仁会については、（弘道会の）親分と（若）頭くらいしか本当の実態を知らない。頭の命令下、隠密に動く直轄部隊、とわれわれはとらえています。大げさではなく、まさに闇の組織です。これからその闇組織がどう動くか、そこに注目している捜査員も少なくないでしょう」

そんな不気味な存在なのだ。

「組員が組織のために拳銃を所持し、篠田（司忍）被告とは黙示的な意思の連絡があった」

大阪高裁で裁判長が有罪の有力な根拠として、その存在を指摘した十仁会は、とにかく謎めいている。

「十仁会は、もともと弘道会の前身である弘田組の組長だった弘田武志がつくった組織だといわれています。弘田は司の親分であり、〇九年の六月に亡くなった。亡くなるまで弘道会の最高顧問として、（十二月十三日に行われる）事始めとか、山口組の年末の行事には必ず出席しとった重鎮でした」

弘田は山口組四代目の跡目問題から勃発した一和会抗争のあおりをくらい、八四（昭和五十九）年に引退を表明して第一線から退く。もっとも、司にとって直接の親分だけに山口組内ではそれなりの影響力を残していた、と祝井は指摘する。

「その弘田と会うと、必ず若衆が周りにいる。〝隠れ配置〟とでも言えばいいのか、傍から見るとそれとは分からん。たとえばホテルで弘田と会い、彼が帰る間際になると、そのボディガードたちが自然にすっくと立ち上がるのです。常に周囲にそれと気づかれんように行動している。それで、いったい奴らは何者やろうか、と情報を集め始めたのです。それが十仁会を調べるきっかけでした」

祝井たち大阪府警のマル暴刑事は、こうして弘道会の隠密組織の観察を続けるようになる。祝井が、十仁会の特徴を解説する。

「山健組なんかにも似た組織があります。エダの各組織から、これ、という組員をスカウトし、空手やボクシングを習わせてヒットマンとして仕立て上げる。これは構員だから、こちらも把握できています。しかし、(弘道会の) 十仁会だけは違う。山奥にこもって (銃撃の) 練習をしているそうなんですが、行動はおろかメンバーすら摑めん。正規に組に登録しているかどうかもわからん。親分と頭、一部しか全体をつかんでないから、ホンマにわからへんのです」

監視を続けた祝井たちの目の前に、そのヒットマン部隊が現れたことがあるという。それは九七年に起きた宅見勝の射殺事件直後の出来事だった。

とつぜん近づいてきたバイク

山口組ナンバーツーの若頭という暴力団社会の頂点に君臨した宅見勝が暗殺された

背景には、山口組内の権力闘争があった。宅見と敵対したのは、山口組若頭補佐だった「中野会」会長の中野太郎だ。若頭補佐という名称の示す通り、組織上、中野は宅見の直属の部下にあたる。が、互いに勢力を競う相手でもある。九二（平成四）年から九六（平成八）年にかけ、京都府に進出した中野会は、地元の広域暴力団、会津小鉄会と抗争を繰り広げていった。九六年には京都府八幡市の理髪店で散髪中だった中野が会津小鉄会系組員に銃撃され、中野のボディガードが二人の会津小鉄会系組員を射殺する。

そしてこの年の七月、図越《ずこし》利次ら会津小鉄会最高幹部が中野への襲撃を詫び、山口組若頭の宅見がそれを受け入れて和解する。ところが、それが当事者である中野の了解なく進められた和解だったため、中野は宅見裁定に不満を募らせていく。中野会は山健組の流れをくむ組織であり、宅見は今の弘道会の司らを引き立てた人物として知られる。そのあたりの権力闘争の匂いもする。前述したように、中野会は早くから京都進出に乗り出していたが、宅見組や弘道会は京都では後れをとっていた、とされる。山口組内部には、そんな複雑な事情や思惑が錯綜していたのだろう。そしてついに宅見射殺事件へと発展したのである。

九七年八月二十八日の昼下がり、山口組若頭の宅見が「新神戸オリエンタルホテル」で射殺されるという衝撃的な事件が起きた。事件は、大阪の山口組直系二次団体である中野会組員による犯行と断定された。典型的な内部抗争だ。

宅見暗殺を企てた中野会会長の中野太郎は、山口組執行部から絶縁処分を受けた。そこから組長を殺された宅見組をはじめ、以前から燻《くすぶ》っていた抗争の火種が一挙に燃え上がり、中野会に対する発砲事件が相次いだ。一方、警察当局としてはこの機を逃す手はない。それが現在にいたるまで第二次山口組壊滅作戦として続くことになる。

射殺事件直後の九七年九月、大阪府警の捜査本部は神戸の山口組総本部に幹部たちが集結するところを狙った。まず山口組の直系二次団体のなかの最大組織、山健組組長だった桑田兼吉を銃刀法違反の共犯で逮捕。続いて大阪のホテルで拳銃を持って護衛していた組員とともに弘道会会長だった司忍を銃刀法違反で検挙した。

このとき司忍と同じホテルに宿泊した静岡県の有力組織「芳菱《ほうりよう》会《かい》」総長の瀧澤孝も同じように逮捕されるが、銃刀法違反の共謀が認められず、無罪が確定している。繰り返すまでもなく判決における二人の違いは、恒常的なボディガード組織を組織内に抱えてきたか、という点であり、十仁会がその決定的な証拠となったのである。

元マル暴刑事の祝井十吾たちは、中野会に対する報復を想定し、厳戒態勢を敷いた。そこに現れたのが十仁会だった、とみずからの捜査体験を振り返る。

「中野会の中野太郎が狙われ、病院のICU（集中治療室）に入った。そのとき私らも病院を張り込みました。中野会の幹部連中がぎょうさん見舞いに来ていましてね。そこをずっと張っとったんです。中野会の幹部連中も警戒して、その病院の前に十人ぐらいたむろしていた。すると、そこにとつぜんバイクが近づいてきたんです。暴走族みたいなかっこうをしたやつでした。驚いたことに、（中野会の幹部連中に）携帯カメラを向けて撮影している。まさか素人がそんな危ない真似するわけありません」

フルフェイスのヘルメットをかぶっているので顔は見えない。が、中野会の幹部だけではなく、祝井たちの目の前をゆっくりと通り過ぎていく。悠然とし、手慣れているように感じた、と祝井がこう続ける。

「それで張り番しているなかの一人が、『おい、待て』と呼びかけ、職務質問しようとしたんです。すると慌てるでもなく、スーッとバイクを走らせた。もちろんこっちも車で追いかけていきました。けど、かなりのドライビング・テクニックだったみたいで、うまいこと逃げられたそうです。あれは間違いのう十仁会のメンバーでしょう。これまで弘田や司のまわりを観察していた関係からそう確信しています。実際、十仁会には一見しただけではまったくの素人にしか見えんやつもたくさんおるからね」

すでに現役の捜査から身を引いた元大阪府警の祝井にとっては、積み残した大きな相手でもある。

「ただ現実に十仁会が何をしたかというのは、実は警察も把握していません。〝ボディガード兼闇の始末人〟みたいな存在とでもいえばいいのでしょうか。案外、実体がないんかもしれんし、やはり潜んで何かをやらかしとるかもわからん。そんな正体が見えへん組織だけに、余計に怖いんです」

謎に包まれたヒットマン組織「十仁会」は、公判でその名称が語られながら、いまだ全貌を把握できていない。鬼の大阪府警でさえ手を焼き続けているヒットマン部隊である。

第三章　吉本興業の深い闇

その宴は、まるで人気絶頂の芸能人の結婚披露のように幕を開けた。幻想的なエレクトーンによる雅楽演奏に続いて、能楽の室町大鼓が広い会場に響き渡る。オープニングセレモニーで、第一声を上げたのが、アナウンサーの徳光和夫だった。

「田岡満、還暦祝賀会。皆々様には、ご多用のなかにもかかわらず、大阪までお越しいただきまして、改めて御礼申し上げます。司会進行を仰せつかりました、三十有余年、田岡満さんとは付き合いを持たせていただいております、徳光でございます」

張りのある徳光の声がよく通る。もっともいつもの軽妙な調子ではなく、むしろ緊張しているかのような固い表情が印象的だった。

二〇〇四(平成十六)年五月のこと。大阪屈指の高級ホテル「ホテル阪急インターナショナル」の広いパーティ会場が、大勢の来賓で埋め尽くされた。宴の主役は、その前年の五月二十六日に六十歳を迎えた「甲陽運輸」社長の田岡満である。一般にはやや馴染みが薄いに違いない。だが、三代目山口組組長、田岡一雄の長男といえば、思い当たるムキもあるだろう。

警察庁の資料によると、暴力団の全盛期は高度経済成長が始まった一九六三（昭和三十八）年となっている。正式発表では当時の構成員と準構成員の数は合計十八万四千人とされる。周辺者を入れると、その二倍くらいはいたかもしれない。圧倒的な勢力を誇っていたことになる。そんなピーク時の暴力団のなかでも、最も勢力を伸ばしたのが山口組の田岡だ。その山口組を対象に警察当局が第一次頂上作戦を開始したのが、六四（昭和三十九）年だった。当局は経済活動の中核と睨んだ神戸港の港湾事業や芸能活動から山口組を締め出すため、田岡の設立した甲陽運輸や「神戸芸能社」に捜査のメスを入れていった。その後、暴力団関係者の数自体は年々減り、現在は全国で七万人強だが、警察の手入れを受けながらも山口組は勢力を拡大してきた。三代目組長の田岡一雄はその土台を築いてきたといえる。田岡がその強固な組織をつくることができた背景には、高度経済成長時代における日本社会と暴力団活動のもたれ合いがあったのはしばしば指摘してきたとおりだ。しかし、そのつながりが断たれているかといえば、必ずしもそうではない。

この日、田岡一雄の長男の還暦祝いパーティは盛大に開かれた。その模様を映した録画ビデオが私のもとにある。田岡がこの世を去ってから、すでに二十五年近くが経過している。にもかかわらず、まさに豪華絢爛というほかない。ビデオを見れば見るほど、山口組三代目の威光が四半世紀を経てなお、暴力団関係者だけでなく、日本社会に広くとどまっているように思えた。

暴力団の資金源を断つ。山口組をはじめとする広域暴力団に対し、警察当局が最も力を注いでいるのが、不当利益の根絶である。そこで、どんな捜査が展開されてきたのか。まず祝井十吾ら大阪府警のベテランマル暴刑事たちが目指すのは、山口組の経済活動の解明だ。

風俗店や飲食店のみかじめ料からノミ屋や賭博場の運営、祭事やイベントにおける露店活動にいたるまで、警察は長年、暴力団組員やその周辺の古典的な経済活動に目を光らせてきた。だが、ある意味でそれらは広域暴力団の資金源というには小さい。日本の企業社会は想像以上に裏社会との接点が多い。有名企業と暴力団のもたれ合いは、今でこそ企業倫理とか、コンプライアンス問題とか言われてうるさくなったが、過去はそれが当たり前のような関係性を保っていた。労働組合つぶしにヤクザ者が駆り出され、大暴れしたなんていう話は枚挙にいとまがない。さすがに昨今はそんな光景に触れることはない。だが、もたれ合いの歴史が途絶えたかといえば、そうではなく、むしろ連綿と続いていると見たほうがいい。少なくとも警察当局は、そこに暴力団の大掛かりな経済活動があると睨み、捜査を続けている。その一端を、祝井十吾たち大阪府警のマル暴刑事が担っているのである。

還暦パーティに集った面々

ホテル阪急インターナショナルの宴会場に、往年の美空ひばりのヒット曲『川の流れのように』の滑らかな歌声が広がった。

「いよいよ、田岡満さんの入場です」

徳光和夫のアナウンスがあると、その歌をバックに、田岡本人が入場した。広いパーティ会場のテーブルを一つ一つまわりながら、来賓と握手し、挨拶を交わす。ビデオに映し出される握手の相手は、錚々《そうそう》たる芸能人ばかりだ。ビデオカメラが主役の田岡満のあとを追うように、八代亜紀や細川たかし、林与一や松方弘樹、アントニオ猪木や平尾昌晃、安岡力也、内田裕也などの姿を捉えている。珍しい杉良太郎と伍代夏子夫妻のツーショットもあった。

一流ホテルの大宴会場を埋め尽くす芸能関係者たち来賓は、ざっと五百人近い。パーティ会場の席次表を見ると、用意されたテーブルは二十九もあった。

この大掛かりな還暦祝いに張り付いていたのが、大阪府警の暴力団担当刑事たちだ。田岡満自身は暴力団組員でも何でもない。にもかかわらず大勢の捜査員を導入し、ホテルに張り付いたのにはそれだけの理由があった。祝井十吾も、還暦祝いに注目した一人である。ビデオをいっしょに見ながら語った。

「田岡満は堅気ですから、本来ならわれわれの監視対象ではあらへん。けど、ここには山口組（直系二次団体である）直参や舎弟など、現役バリバリのヤクザやフロント（企業の）連中がけっこう来ていました。どんなネットワークで奴らが集まっているのか。それらを調べるんは、重要なんですわ」

芸能やスポーツの世界と暴力団社会との交わりは、今に始まった話ではない。山口組に限っても、古く美空ひばりが所属したのは、田岡一雄が企業舎弟とした神戸芸能社だったし、最近では大相撲の野球賭博問題なども思い浮かぶ。そんな交わりのなかから、ときおり思い出したように、みかじめ料の恐喝事件や賭博などの交遊が明るみに出て、世間を騒がせる。

それらの事件や不祥事は世間からすぐに忘れ去られていく。が、警察当局は今も芸能活動が暴力団の大きな資金源の一つだと見て、捜査を続けている。そんな地道な捜査活動の結果、意外な事件に発展することも少なくないという。

田岡満の還暦祝いが開かれた〇四年五月は、山口組が現在の六代目体制に移行する過程の時期と重なる。五代目の渡辺芳則から六代目の司忍に組長ポストが正式に移譲されたのは、パーティから一年あまり後の〇五（平成十七）年七月だ。この時期の山口組は、八年前に起きたナンバーツーの宅見勝の射殺事件による組織内の混乱が収まっているとは言えない。さらに警察による第二次山口組壊滅作戦も展開されている。そのタイミングでの盛大なパーティである。祝井たち大阪府警の捜査員たちにも、時期が時期だけに緊張が走った。

ただし、件のビデオは警察が撮影したものではない。来賓に配られた映像である。それだけを見ると、山口組の関係者はおろか、その筋の強面はいっさい映っていない。というより、撮影者が山口組関係者の姿を意図的に避けたのだろう。だが、府警が入手した席次表などの関連資料には、彼らの足跡がはっきりと残っている。たとえば席次表では、「大石様」「盛力《せいりき》様」「川﨑様」と記されたテーブルが目に留まる。言うまでもなく、それは当時山口組舎弟頭補佐だった岡山市の大石誉夫や、大阪「盛力会」会長の盛力健児こと平川一茂、「一心会」会長の川﨑昌彦といった面々の席だ。まさしく五代目体制を支えてきた最高幹部や直系有力組織のトップたちのテーブルである。

「六代目体制になる前に五代目の重鎮たちが集まったという感じですね。呼びかけたんは、盛力やと見ています」

とは祝井の感想だ。一見華やかな宴は、普通の芸能パーティなどと一種異なる独特の張りつめた空気が流れていた。

「こちらは阪神ファンが非常に多いわけでございますけれども、別に敵地に乗り込んだわけではございませんで……。ぜひひとつ、みなさまの心の拍手を不甲斐ないジャイアンツにお送りいただければ、なおありがたい次第です」

宴が始まると、司会の徳光が懸命に笑いをとろうとする。が、いつものジョークの切れがない。まばらな拍手があるだけだ。黄色い歓声もなく、パーティ序盤はあまり盛り上がらなかったようだ。続いてパーティの発起人スピーチがあった。

「もっとも活気づいている横浜隆盛の立て役者であり、横浜市の裏方市長とも呼ばれる藤木会長。田岡社長とは半世紀にわたって、お世話になっている会長でございます」

徳光からそう紹介された運輸会社「藤木企業」の藤木幸夫がマイクを握った。藤木は前横浜市長、中田宏の強力な支援者として知る人ぞ知る人物だ。

「徳光さんにつられて、一言余計なことを申しますと、（私は）横浜ベイスターズの役員であります」

五百人近いパーティの来賓を前に、藤木が挨拶した。

「この部屋に入ってまいりまして嬉しかったのが、二十九番のテーブルです。あそこに田岡（一雄）おじさんの席が設けてある。おばさんの席もありました。ひばりちゃんのもある。さすが満君だなと思いました。田岡のおじさんは、日本の港で革命を起こした方です。わたしの親父が、全国の荷役業界（団体）の会長をやらせてもらい、田岡のおじさんが副会長。肝胆相照《かんたんあいて》らす仲で、昭和三十年代の港を開拓しました。今日はそのころの兵隊も大勢来てます」

藤木のいう「そのころの兵隊」とは誰を指すのだろうか。還暦パーティの席次表には、なぜか港湾関係者とだけしか書いていないテーブルもある。それは港湾事業を資金源としていた山口組関係者のテーブルのようにも受け取れる。だが、兵隊たちは最後まで映像には登場しなかった。

神戸芸能社の役割

山口組の経済活動を語る上で、港湾事業は欠かせない。もとは神戸港の港湾荷役からスタートしているが、そこから事業を全国展開していった。そこで重要な役割を果たしたのが、横浜の藤木だった、と祝井十吾がその歴史をひもとく。

「もともと山口組は北九州にある大嶋組という組の傘下組織に過ぎませんでした。明治以降、沖仲士《おきなかし》を束ねてきた大嶋組が山口組初代の山口春吉に神戸港の荷役作業を任せていた。二代目の登の代にその大嶋組から独立し、さらに三代目の田岡一雄が神戸港を出発点に全国の港湾事業に手を広げて大きくなっていったのです。荷役の人夫出し（派遣）から護岸開発にいたるまで、山口組はとくに戦後は労働組合による港湾荷役のストライキ対策なんかを引き受け、組織を拡大していった。それが三代目の田岡一雄で、山口組が勢力を伸ばせたのは全国の主要な港の権益を押さえていったからです」

そして、田岡満の還暦祝いビデオに視線を移し、祝井が藤木との関係について語った。

「港湾事業におけるその田岡のパートナーが、還暦祝いで挨拶している藤木の父親、幸太郎でした。藤木が田岡の息子の還暦祝いで発起人代表になったのも、そうした歴史的な背景があったからでしょう。還暦祝いの来賓たちのほとんどが、お互いの父親の義理から参加しているんやないでしょうか」

第一次頂上作戦において捜査当局からターゲットにされた甲陽運輸では、その後、田岡の長男である満が経営を引き継ぎ、社長に就く。そうして暴力団組織とは一線を画した形にしたわけだ。それは、「息子をヤクザ稼業に就かせない」という田岡一雄の方針だったともされる。が、もとはといえば、山口組が藤木企業の前身である「藤木組」の創設者である藤木幸太郎と組み、全国の港湾事業に睨みを利かしてきた。その側面は否定できない。田岡は「全国港湾荷役振興協議会」を設立し、会長に藤木を据えた。その息子同士の付き合いから、藤木幸夫が田岡満の還暦パーティの発起人になったのは、本人が認めているとおりだ。スピーチでも、「親父が港湾振興協議会の会長を務め、田岡のおじさんが副会長だった」と二人三脚ぶりをアピールしている。

盛大な還暦パーティのテーブルには、すでにこの世にない三代目山口組組長夫妻のネームプレートが立てられ、その隣には美空ひばりのネームプレートまであった。そこへ食べるはずのないフランス料理のフルコースが次々と運ばれている。そんな光景がビデオに映し出されると、藤木が感慨深げに言った。

「（満君の）お父さんもお母さんも、あそこに座っている。田岡のおじさんおばさんも喜んでいると思います」

乾杯の音頭をとったのは、小林旭だ。演技のうまい役者とは言えないが、挨拶の最中、感極まった、とばかりに瞳の涙が光る。

「声が出ません……。涙は……、出てます。いま、満ちゃんが、ちっちゃいときからの姿が、頭のなかを駆け回りました」

感激し過ぎたのだろうか。ありきたりな言葉で締めくくるので精いっぱいだった。

「大事なことは体をこわさないこと。健康がいちばん」

はじめは重苦しい空気が漂い、ぎこちなかったパーティも、さすがにこれだけの芸能人が集っただけあって、次第に盛り上がっていく。

「お名前を申し上げた方は、恐縮ですが、ご起立ください」

徳光が招待された著名人の名を読みあげ、その都度カメラが来賓を映しだした。

「大映の全盛期を築かれました俳優の品川隆二様、（テレビドラマの）『月曜日の男』としましてお馴染み、俳優の待田京介様、テレビでのお笑いの草分け、大村崑様、内田裕也様、作曲家の岡千秋様、安岡力也様、小説家、藤本義一先生……」

大画面のスクリーンには〈田岡満人生60年の軌跡〉と題したプロモーションビデオが流れ、徳光が、そのテロップにある、〈父一雄が設立した神戸芸能社〉の所属タレントを次々と披露する。

〈美空ひばり、田端義夫、高田浩吉、三橋美智也、橋幸夫、三波春夫、村田英雄、松尾和子、マヒナスターズなど、錚々たるメンバーを誇っていた。田岡満は「ジャパン・トレード」を設立し、神戸芸能社のメンバーのみならず、数々の芸能人を扱う興行主として活躍。数多くの芸能人、各界の著名人と深いかかわりを持ち続け活躍しているのだ〉

山口組の二大経済活動のうち港湾事業と並ぶもう一つが、芸能イベントの興行である。そのために設置されたのが神戸芸能社だ。甲陽運輸と同じく、芸能興行ものちに山口組の手から離れ、長男の満がそれを引き継いだ格好になる。

もともと神戸芸能社は、二代目山口組組長の山口登時代に組内にあった興行部を田岡一雄が会社組織に改めたものだ。美空ひばりが浅草の国際劇場で少女から塩酸を浴びせられた「ひばり事件」を機に、神戸芸能社をはじめとする山口組のバックアップが浮上する。そうなると港湾事業とともに山口組の経済活動の柱とされてきた芸能興行に対しては、警察も黙っていない。頂上作戦さなかの一九七五（昭和五十）年、神戸芸能社は解散に追い込まれた。しかし、興行の世界と完全に縁が切れたわけではない。少なくとも還暦パーティのプロモーションビデオで堂々と語るほど、芸能界に対する影響力を温存してきたということだろう。ビデオの映像からはそうした長年のしがらみを改めて痛感させられる。

件の還暦祝いでは、司会の徳光和夫が来賓の芸能人たちを次々と指名していった。ここからパーティが佳境に入る。

八代亜紀の『舟唄』を皮切りに、伍代夏子の『ふたり坂』、細川たかしの『北酒場』、中村美律子の『大阪情話』、五木ひろしの『夜空』と、一流歌手たちが立て続けに持ち歌を熱唱していく。滅多に見られない売れっ子歌手たちの共演だ。出演メンバーは、まるでNHKの紅白歌合戦並みの豪華さといえる。歌手以外の演出もなかなかのもので、さすがに会場は大盛況になっていった。

還暦パーティの総合プロデューサーが、かつてアイドルグループ『スリーファンキーズ』のリーダーとして、一世を風靡した長沢純である。このイベントの仕掛け人の一人とも目されていた。ケーキカットの場面でマイクを握り、長沢がステージ上にタレントたちを招く。

小林旭と高田美和、鶴田浩二の娘で女優の鶴田さやか、坂本スミ子と江本孟紀、松方弘樹と林与一といった顔ぶれの二、三人ずつが、壇上に上がってひと言挨拶していった。そのなかでも、ユニークだったのが喜劇役者の大村崑だろう。

「トニー谷さん、藤山寛美さん、私が、親父さんに年に一回だけご馳走になる日がございまして。七回ぐらい続いたんです。お小遣いいっぱいもらって、帰りしなに、玄関で、『君たち三人ね、絶対極道とは付き合うなよ』と言われる。あの方からそんな台詞が出てくるなんて、親父さんは本当に喜劇人でした」

さすがユーモアたっぷりだ。

そんな来賓の祝辞を聞いていていて気づいた共通点があった。それは田岡満本人のエピソードが極めて少ないことだ。還暦パーティのはずなのに、来賓が口にするのは、主役の父親に関する思い出話ばかりなのである。

「親父さんと話をしていたら、大きな菱の形をした暖簾《のれん》が（楽屋に）届きましてね。真ん中に眼鏡があって、隅に赤い字で『田岡』とある。お礼を申し上げたら、『崑ちゃん、これ飾っといたら絶対、（極道に）悪さされないから』って……。いまだに宝物として持ってます」

芸能人や著名人は、紹介しきれないほど還暦祝いに駆けつけていた。豪勢な宴は、パーティの主役である田岡満と五木ひろしのデュエットで幕を閉じた。

「田岡舎弟七人衆」だった吉本興業会長

「これほどの芸能関係者が集まった理由は、それだけ田岡の親父に世話になったヤツがいっぱいおるからでしょう。神戸芸能はその後、ジャパン・トレードという会社に衣替えしていますけど、根っこは同じです。彼らは満に世話になったわけではあらへん。本人とのエピソードは少ないので、スピーチの中身もああなった。そういうことやと思います」

それがベテランマル暴刑事、祝井十吾のビデオを見た感想だ。そこで、どういう付き合いや経緯で田岡満の還暦祝いに参加したのか、当人たちに尋ねてみようと取材を申し込んだ。しかし、判で押したようにみな迷惑顔である。

「ご承知の通り、向こうも甲陽運輸さんという荷役会社をやられていて、うちも同じ荷役会社をしている。同じ業種ということ。田岡さんに世話になっている、なっていないとかそういうことではないです。たとえば神戸の震災のとき、神戸ポートアイランドがめちゃめちゃになって機能しなくなり、甲陽運輸さんの作業員の方が仕事できなくなってしまった。港が機能しなくなっても作業員の方にお給料を払わないといけない。そういった方々を横浜に呼んで、うちの作業場で働いてもらったり。港湾運送という同じ荷役会社としてお付き合いをさせていただいています。田岡さんとの交友は古いけど、あくまで港の商売の関係のつながりです」

還暦パーティの発起人代表である藤木企業の会長秘書ですら、こうそっけない。パーティの参加者のなかには、初めから取材を拒否するケースも少なくなかった。もしくは、不自然に身構えるパターンもあった。

「満さんとは彼が小さいときからの付き合いやからね。お父さんとの付き合いもありましたよ。色々お仕事での付き合いもあったからね。あんたらがそういうことを書くから、僕らは仕事に支障が出るんですよ。誰が責任とってくれるんですか？　そりゃ、いまの時代だったら考えますよ。でも当時は別に（田岡一雄のことを）暴力団とかそういう感じで見てたわけやなく、仲良くやってきたわけやから」

大村崑は渋々ながら電話口でこう答えた。

「満さんが暴力団の関係者とかつながりがあるとか、そんな認識は一切ありません。真面目な方で、小さい頃からの付き合いがあった。その人の還暦祝いやから、それは出るでしょう。いまさらそんな話を引っ張ってきてどうするつもりなの」

事実、取材に応じてくれた芸能人たちに罪の意識はない。つまるところ、「父親が暴力団組長でも息子は企業人だから、何が問題なのか」と話す。あるいは、付き合いの度合いを薄めようとする。

「父子ともにさしたる交流はないが、深く考えずに参加した」

しかし席次表を見る限り、そこには現役の山口組幹部たちが顔を出している。それを承知の上でパーティに参加したのではないのだろうか。還暦祝いパーティの総合プロデューサー役を務めた長沢純はこう言う。

「『まさかこの会場にヤクザなんていないだろうな』と満さんに聞いたら『おらへん』と答えてました。もし来るのであればボクは行かなかった。だから会場に、そういう人たちはいなかったと思いますよ」

　会場にいた親分衆に気がつかなかったということだろうか。パーティ会場となったホテル阪急インターナショナルには、大阪府警捜査四課をはじめとする暴力団捜査員たちが張り込み、丹念に会場への出入りをチェックしている。だが当の芸能人たちが気にするほど、現場の刑事たちは芸能人と暴力団関係者との交際を問題視しているわけではない。それらはあくまで内偵捜査であり、情報の蓄積作業の一環と位置付けている。

「一般論ですが、芸能の興行では、ヤクザは裏から資金を吸いあげる。だからわかりづらいのです。田岡の親父はホンマに息子を堅気にしようとしてきたから、そんな仕事にかかわらせていないでしょう。そういう親分は意外に多いんですよ」

　山口組を長年追い続けてきたマル暴刑事の祝井がそう分析する。

「従って息子もわれわれのターゲットではありません。しかし、田岡の息子を旗印にして集まって来る現役やフロント企業の連中は違う。もちろん、パーティに出ていたからといって、そのこと自体が事件化するわけではないけど、それがのちに事件捜査で役に立つこともある。パーティで同席したのは誰と誰、親密さの度合いはどうだとか、そうした情報がどこかで引っかかることがあるから、必要なんですわ」

マル暴刑事たちは、わずかな情報から捜査の端緒を摑もうとする。この還暦パーティに限らず、組関係者やフロント企業の結婚式や葬式など、あらゆる催事に目を光らせているという。

「そんなんをひとつひとつ調べ、はた目にはうかがい知れない人のつながりや、組織間のつながりを洗い出していくんです。催事にどんな人物が参加しているかで、その組織がいまどれぐらいの力を持っているのかという分析にも役立つ。そんな地道な捜査を続けることで、大きな事件の解明につなげていける場合も少なくありません」

暴力団の資金源はそう簡単に突きとめられない。それだけに広く網を張る必要がある、と祝井たちマル暴刑事は言う。たとえば還暦パーティには、〇七（平成十九）年三月に大阪府警が摘発したパチンコ情報誌「梁山泊」グループ（第六章で詳述）の証券取引法違反事件で暗躍した山口組の準構成員の顔もあった。その接点もデータとして蓄積される。またパーティには、吉本興業元社長の林裕章も来賓として招かれていた。林はこのときすでに末期癌であり、病床から駆け付けている。なぜそこまで義理を果たそうとするのか。つまり、その必然性があったということにほかならない。

港湾事業と芸能興行というかつての山口組における経済活動の二本柱のうち、芸能部門の神戸芸能社はしばしばクローズアップされてきた。だが、それだけではない。他にも田岡一雄によって引き立てられた芸能界の大物がいる。その一人が、創業家出身の会長として、吉本興業をここまで成長させてきた林正之助である。祝井が言葉を足す。

「昭和三十九（一九六四）年の第一次頂上作戦の折、兵庫県警が山口組と吉本興業との関係について調べている。田岡の舎弟七人衆の一人として、吉本の初代、林正之助の名前が出てきます。つまり、吉本興業と山口組とは、その頃からの付き合いということなんです」

田岡の長男の還暦祝いに正之助の娘婿である当時の社長、林裕章が病床から駆け付けたのは、そうした縁があるからだろう。末期の肺癌だった林裕章は、還暦祝いから八ヵ月後の〇五年一月に他界してしまう。裕章の死後、吉本興業に内紛が発生したのは周知のとおりだ。そこには常に山口組の影がちらついてきた。

創業一族・林正之助の長女で、裕章の妻である林マサと現在の経営陣が対立し、週刊誌を使った告発合戦を展開した。そこに登場するのが、漫才師の中田カウスである。図らずもその内紛騒動から、吉本興業と山口組の歴史が赤裸々に浮かび上がった。

女太閤の血を引く林マサ

「カウスとの騒動は〇六（平成十八）年の末、林マサさんがうちの会社へ相談に来たんが発端でした。マサさんが弊社の会長のところへやって来て、『吉本興業の大﨑（洋・現社長）さんが、（マサの）息子である（林）正樹君をないがしろにして弱っている。その裏ではカウスがわがもの顔で会社を牛耳っている』て、切々と訴えていました」

そう打ち明けるのは、吉本興業と縁の深い関西のリゾート開発会社の社長である。

林マサと中田カウスとの内紛劇は、ここから始まる。創業一族である林家と、経営側の大﨑―カウス派との対立だ。林家は吉本興業の創業者である吉本吉兵衛の妻、せいの実家である。

せいは兵庫県明石市の米穀商、林豊次郎の娘として生まれ、大阪上町の荒物問屋に嫁いだ。その嫁ぎ相手が吉本吉兵衛（本名・吉次郎）である。吉兵衛は無類の演芸好きとして知られた。趣味が高じて財産を失いかけたほどだとされ、それならいっそのこと、趣味の演芸を使ってひと儲けしようと起業する。それが「花月亭」だ。当時売りに出ていた天満天神裏の文芸館という寄席小屋を買い取り、落語家の桂太郎に頼んでそう命名したと伝えられる。

もっとも吉本興業内では、亭主の吉兵衛より、女房のせいの名が通っている。道楽亭主の尻を叩き、今の吉本興業の礎を築いた。それが、「女太閤」と異名をとる吉本せいだった。山崎豊子の小説で直木賞受賞作である『花のれん』のモデルとなった女傑である。せいは花月と命名した寄席小屋を次々と大阪市内に展開した。南地法善寺境内の旧金沢亭まで買収し、大阪で花月亭の存在を定着させていった。

一九一三（大正二）年、芸能興行を主業務とする吉本興業を設立。吉兵衛が社長に就く。ところが、吉兵衛は二四（大正十三）年に三十七歳で夭折してしまう。そこから名実ともにせいが会社の舵をとるようになった。そこで頼ったのが、実家、林家の弟たちだ。

林家の長男だった正之助は、まだ吉兵衛の生きていた一七（大正六）年に姉から招かれ、十八歳で吉本興業に入社していたが、せいはさらに弟の弘高も会社に入れ、夫亡きあと、林一族で吉本興業を切り盛りしていった。吉本興業が林一族を創業家と仰いできた理由がここにある。

吉本せいとその弟の正之助たちは、とりわけ漫才を大当たりさせた。三四（昭和九）年には、東京進出を果たす。まだ第二次世界大戦が勃発する五年も前だ。そんな成功を収めつつあった吉本興業には強烈なライバルがいた。それが「松竹芸能」である。

言うまでもなく、親会社の「松竹」は歌舞伎や文楽から映画、演劇まで幅広い芸能興行を手掛けてきた。その松竹が吉本興業の成功を横目に、昭和の初めから松竹所有の道頓堀弁天座で漫才興行を始めた。そうして吉本興業所属の人気芸人に引き抜き攻勢をかけ、双方が揉めていく。

とかく芸能興行の世界は揉め事が多い。そこではしばしば、ヤクザや渡世人たちの出番となる。吉本興業の歴史は、それを象徴しているかのようだ。

松竹の芸人引き抜きに腹を立てたせいの命を受け、弟の林正之助は、松竹の大阪事務所に乗り込んだ。その押しの強さで松竹社長の白井松次郎に謝罪させたという武勇伝までである。が、それは正確ではないかもしれない。白井も、そうそう黙って引き下がりはしない。この年のうちに系列の新興キネマに演芸部を新設し、「新興演芸」の名で演芸に再進出している。そこでまたしても、ミスワカナ・玉松一郎、あきれたぼういずといった人気の吉本芸人を引き抜いて興行を開いた。以降、吉本対松竹の怨念は今にいたるまで引きずることになるが、双方の争いは第二次世界大戦のせいでそれどころではなくなる。

第二次大戦の戦中から戦後にかけた混乱期、女太閤のせいは吉本興業に漫才を根付かせた。東京進出や松竹との攻防を繰り返しながら、その一方で戦火にまみれ、劇場を焼失してしまう。そこから再び立て直していったのが、林一族だ。そして終戦後、せいは弟・正之助に吉本興業トップのバトンを渡していく。敗戦から三年後の四八（昭和二十三）年、林正之助は吉本興業社長の椅子に座った。それは会社経営を姉から受け継いだというだけではなかった。もう一つ、弟が受け継いだのが、裏社会との交わりだった。もともと吉本興業と山口組とは、山口組二代目の山口登からの付き合いだとされる。田岡の設立した神戸芸能社の前身が山口組興行部と先に書いたが、せいは五〇（昭和二十五）年に六十歳で鬼籍に入るまでのあいだ、山口組との付き合いを大切にしたのだろう。その交友を継いだのが正之助だった。

一九六八（昭和四十三）年、林正之助は山口組三代目組長の田岡一雄とともにレコード会社の乗っ取り容疑で逮捕された。このときから、正之助は「田岡舎弟七人衆」と捜査関係者から呼ばれるようになる。兵庫県警が作成した内部資料『広域暴力団山口組壊滅史』には、〈山口組準構成員　吉本興業前社長　林正之助〉とまで記されている。

姉のせいから弟の正之助に受け継がれてきた山口組との交流は、吉本興業の伝統ともいえる。かつては経営者が暴力団関係者として警察に記録されていたほどだから、島田紳助をはじめとしたタレントとの付き合いも、さほど驚く話ではない。いわば上から下まで、会社全体が裏社会を受け入れる体質を持ってきたともいえる。

そんな吉本芸人のなかで、山口組との交友が最も囁かれたのが、中田カウスである。一方、女太閤せいを伯母に持ち、「田岡舎弟七人衆」の父親の血を引いている創業一族の林マサにとっては、そんなカウスが跳ね返りにしか見えなかったに違いない。内紛の火種は、関西で知られたリゾート開発会社の会長に持ち込まれ、燃え広がる。

カウスとたけしのスポンサー

林マサが泣きついたというそのリゾート開発会社の会長、城谷勝正（仮名）は、「山口組系柳川組」の元幹部であり、斯界では知られた有名人である。柳川組は三代目山口組傘下の二次団体でありながら、かつて警察庁に広域指定暴力団に認定されていた組織だ。三代目組長、田岡一雄時代に山口組の全国制覇を裏で支えた「殺しの軍団」と恐れられ、山口組きっての武力集団とも呼ばれてきた。組織を率いた在日韓国人の柳川次郎こと梁元錫《ヤンウォンソク》は、のちに右翼民族活動を始め、晩年は同じ在日韓国人実業家の許永中が所有するビルに個人事務所を構えた。

裏社会のネットワークは予想外に広く、深くつながっている。ちなみに若き日の許永中はみずから運営する建設会社が「大阪府同和建設協会」に加盟していた。その後ろ盾となったのが、元部落解放同盟飛鳥支部長の小西邦彦だ。小西は、「柳川組系金田組」の構成員から被差別部落の解放運動家に転身した人物として知られる。大阪市の公金横領で逮捕された飛鳥会事件で失墜するまで、大阪で権勢をふるってきた同和の世界の大物だ。その小西と吉本興業との縁も深い。と同時に、件のリゾート開発会社会長、城谷は小西の事業パートナーでもあった。

　城谷は実業家に転じた現在、滋賀県にホテルと温泉を備えたゴルフ場を開発しているほか、全国でリゾート施設を運営・管理している。滋賀県のゴルフ場開発は小西が手掛け、城谷があとを引き継いだものだ。

　関西の裏表に精通するその城谷は、吉本興業と切っても切れない関係にある。創業家の林家をはじめ、多くの吉本芸人と長年にわたる交友もあった。もとはといえば、中田カウスのスポンサーだ。そんな縁から、林マサが相談にやって来たのだろう。内容は、カウスがマサの息子である正樹をないがしろにし、会社を我が物顔で牛耳っているという一件である。マサは城谷を頼り、カウスを押さえこんでもらおうとしたに違いない。

　相談を受けた城谷は〇七年一月十八日、まず大阪駅前にある梅田の「ヒルトン大阪」の和食店へ、吉本興業の大﨑洋を呼び出す。繰り返すまでもなく、大﨑はのちの吉本興業社長であり、社内でカウスをバックアップしてきた。そうして城谷たちは話し合いの席を持った。

「最初のヒルトンホテルでの話し合いは、終始和やかなムードでした。いわば食事会です」

そう騒動の内幕を話してくれたリゾート開発会社の社長も、その席に同席した一人である。

「問題になっているカウスがたまたま近くにいてる言うんで、その場から『ヒルトンでメシを食うとるので、よければ合流したらええやないか』と電話したくらいでした。カウスは来いへんかったけど、そんな和気あいあいとしたムードで、マサさんの相談について話をしたんです。大﨑さんも納得した様子でした。われわれは、てっきり仲よう話がついたと思っていました。それを持ち帰り、正樹君に『これから大﨑さんの言うことをよう聞いて頑張りや』って励ましていたところだったんです」

ところが、そこから一転、これを境に中田カウスと社長の大﨑は、創業一族の林家と仲違いしていく。リゾート開発会社の社長が続ける。

「驚いたことに、カウスがこのときのわれわれの話し合いを吉本興業の役員会に持ち出したんです。『これは元暴力団による会社の乗っ取りや』て。うちの会長がそう（柳川組組員）やったんは四十年以上も前で、今はまったく関係ない。それを元暴力団いうてね。そもそも会長はカウスの後援者だったんです。なのに、なぜそうなってしまうのか、ほんま理解できませんでした」

　吉本興業のなかで存在感を増したい中田カウスにとって、創業一族の林マサは目の上のこぶだった。その彼女が自分のタニマチのところへ駆け込んだため、疑心暗鬼になったのかもしれない。そして一方で思わぬ反撃を食らったマサも、さらに反撃に出る。この年の三月、『週刊新潮』（〇七年四月五・十二日号）で「『吉本興業』は怪芸人『中田カウス』に潰される！」と題した告発手記を発表し、そこから一連の騒動に火がついた。リゾート開発会社の社長がこう言葉をつなぐ。

「言うたらカウスは単なる芸人です。だから、林正之助が生きている時分は、創業家のそばにも寄れへんかった。それがいつしか（山口組）五代目の名前を使うて、吉本のなかでどうのこうのってやり出した。で、マサさんもやっぱり勝ち気な人ですから、反発した。山口組が六代目体制になってから、言わんでええのに、『大﨑さん、あんたカウスさんにそんなに気ぃ遣うことないよ。もう五代目も引退したからね』と大﨑に忠告したらしい。それを漏れ聞いたカウスは、『こら、おばはん。俺は五代目の若い衆や』と電話で怒鳴りまくりよったそうです。また、マサさんが吉本グループで経営しているパチンコ屋を売ったときも、『おばはん、何勝手に売っとるんや』と、創業家をないがしろにする。そんな事態を聞いたうちの会長が、やむなく口を挟んだいうことです」

現在の吉本興業社長である大﨑は、漫才コンビ、「ダウンタウン」のマネージャーだった。吉本興業を東京に進出させた功績を認められ、経営に携わるようになったという。騒動の当初はまだ社長ではなかったが、とかく口うるさい創業家を排除したいという点では、中田カウスと利害が一致したのかもしれない。リゾート開発会社の社長は言った。

「結局、大﨑さんも一蓮托生でしょう。二人は、創業家を追い出せば都合がいい。それで、騒動が広がっていったんだと思います」

本人がみずから好んで付き合ってきたようにも思えるが、カウスの周囲はいわくつきの人物が多い。もともとカウスを可愛がっていたのは、先に触れた元部落解放同盟飛鳥支部長の小西邦彦だった。リゾート開発会社の会長・城谷とは、小西の縁で芸人とタニマチという関係を結ぶようになった、と同社の社長がいう。「中田カウスは人たらしの天才だ」とそのイメージを語る。

「カウスは小西さんに可愛がられていただけでなく、もとは小西さんの盟友だった（土建業の）岸組の社長が後援会長でした。（〇一年四月に）カウスが上方漫才大賞をとったときは、彼に頼まれてうちの会社がスポンサーになって祝賀会を開いたのですが、岸組の手前もあるので、向こうに断りを入れました」

同和団体を背景にした小西の飛鳥会事件は後に触れるが、岸組社長の岸正明は大阪土建業界のドンと呼ばれた。〇九（平成二十一）年五月には、大阪府警捜査四課が大阪市発注の公共工事における一億一千万円の詐欺事件で岸正明らを逮捕している。岸は市内五百社が加盟する大阪府同和建設協会の会長を務めた実力者である。

カウスは芸能人脈を駆使し、こうしたタニマチに取り入ってきたという。そこでものを言ったのが、ビートたけし（本名・北野武）との付き合いだ。大阪・梅田のヒルトン大阪でおこなわれた上方漫才大賞の祝賀会の場にも、たけしを招待している。城谷もこのときたけしと知り合い、以来、交流が始まったという。城谷の経営する滋賀県のリゾートホテルでこうした話をリゾート開発会社の社長から聞いたのだが、そこにはたけしの描いた絵が堂々と飾られていた。

「カウスは、小西さんのところにも、岸さんとこにも、東京の有名人を全部連れて行ってます。そうして力のあるタニマチ筋に引き合わせ、いい顔するわけです。その切り札がたけしさん。たけしさんはカウスを『あんちゃん』、カウスはたけしさんのことを『おじさん』とか、『お父はん』と呼び合い、いかにも親しそうにする。〇三（平成十五）年のたけしさんの監督・主演映画『座頭市』の試写会のときも、たけしさんが大阪に来て、カウスがスポンサーを集めていました」（前出・リゾート開発会社社長）

そんな如才なさが創業家の林マサたちには鼻について仕方なかったに違いない。

中田カウス騒動の真相

中田カウスは、相方の中田ボタンとともに上方漫才大賞を三度受賞している。その祝賀会のうち、一度は山口組五代目組長の渡辺芳則夫人と実娘まで招待した。そこで山口組組長夫人へたけしを引き合わせている。事前に何の断りも入れず、カウスが山口組組長の渡辺のところへたけしを連れて行き、その場で渡辺から大目玉を食らったという一件が報じられたこともある。ただし、一介のお笑い芸人にすぎない中田カウスが、そう簡単に山口組の組長に近寄れるはずもない。リゾート開発会社の社長が、そのあたりのからくりを解く。

「だから奥さんやお嬢さんなのです。組長ご本人に声をかけるのが恐れ多いから、奥さんに取り入り、『たけしを呼びましたから、ぜひ来て下さい』とパーティに招待したんではないでしょうか。そうしてたけしさんにいっしょに写真を撮ってもらい、(たけしから)『東京へ来て下さい』と声をかけさせる。すると、五代目のお嬢さんは喜びますやろ。実際、そのあとカウスは奥さんとお嬢さんを東京に連れて行ったようで、それをカウス自身が言いふらしていました。そうして家族に取り入れば、カウスが五代目の名前を使うても、誰も文句を言えへん。それが狙いなのでしょうね」

カウス騒動の渦中、吉本興業の名だたる芸人たちは軒並み彼にひれ伏していたと報じられた。その報道についても、リゾート開発会社社長が次のような秘話を明かす。

「同じ会場に五代目のお嬢ちゃんが来てるなんて、僕らも知らんかったからね。その漫才大賞のパーティで、落語家の桂文珍がスピーチしていました。会場にたけしさんがいるので文珍が、『カウス師匠は、ヤクザとばっかり付き合うとるかと思ったけど、今日は違いますなあ』てジョークを飛ばしてもうた。で、カウスが怒ってね。控え室に呼びつけ文珍を土下座させたらしい。本人が『(文珍を)くちゃくちゃにしてやった』と自慢していました」

　これが「桂文珍土下座事件」の真相だという。また、西川きよしの身にも似たような事件が起きていた。騒動にかかわったリゾート開発会社社長は、そのあたりの事情にも詳しい。

「西川夫妻が大阪で結婚式場のコマーシャルに出演していて、お嬢さんがたまたまそこで結婚式を挙げたんです。それが吉本の林裕章元会長の一周忌の少し前で、喪が明けていない時期やった。で、西川師匠を呼び出し、土下座させたった、とカウス本人が言うてました。お嬢さんの結婚と元会長の一周忌とは関係ないやろ、と思わはるかもしれへんけど、五代目の威光をかざして普段から洗脳してますから、きよしさんあたりでも、ひれ伏してしまうのと違いますやろうか」

　中田カウス騒動では、週刊新潮による〇七年三月の告発手記を皮切りに、カウスと山口組との交際が次々と明るみに出ていった。足元で起きている暴力団と芸能人との交流報道について、大阪府警が黙っているわけにはいかない。週刊新潮による手記の発表を察知した大阪府警は、当然のごとくカウスに関する情報を事前に収集し、捜査を進めていった。具体的な捜査対象は、元会長の中邨《なかむら》秀雄に対するカウスの恐喝容疑だ。

花菱アチャコや大村崑などのマネージャーから芸能人生をスタートさせた中邨は、創業一族ではないが、その力量を買われて出世した。「うめだ花月劇場」や「吉本新喜劇」の設立や毎日放送のバラエティ番組『ヤングおー!おー!』のプロデューサーとして名を上げたあと、制作部長として東京進出の陣頭指揮をとった。九一(平成三)年四月に林正之助が死亡するや社長に就く。九九(平成十一)年に会長、〇三(平成十五)年から〇四年まで名誉会長を務めたあと、なぜか唐突に会社を去った。

その中邨会長時代を含め、九九年から〇四年まで社長を務め、〇四年七月以降に会長として経営権を握ったのが、林裕章だ。兵庫県芦屋市長の猿丸吉左衛門を父に持つ。素封《そほうか》家の家に育ち、林正之助に請われて長女マサの婿となった裕章は、生来、おっとりとしていたのかもしれない。中邨がつくったとされる巨額の使途不明金を放置してきた。

そして当時、その使途不明金を知った中田カウスが、中邨から金銭を脅し取っていたのではないか、という疑いが浮上する。大阪府警の捜査は、そこからスタートした。これに対しカウスはあくまで林裕章に頼まれ、吉本興業のためにおこなった不正資金の回収であり、みずから私腹を肥やしたことは断じてない、と全否定した。が、大阪府警は中邨の訴えをもとにカウスをターゲットに捜査を進めていった。と同時に、カウスと山口組との交流が次々と発覚する羽目になるのである。山口組が相手だけに、祝井十吾も大阪府警捜査四課員として捜査に加わっていた。

「カウス事件ほど捜査状況がマスコミに漏れるケースも、滅多にありませんでした。カウスが取調室で捜査員から肩をはたかれて泣き出したとか、そんな克明な取り調べ状況までポンポン週刊誌に出るので、不思議でした。『調べ室で泣くカウス』とかいうタイトルまでついていた。林側とカウス・吉本側の両方から情報が漏れていたように感じましたけど、やはり厄介だったのは取り調べ状況の情報漏れ。それがカウス・吉本側からの報道リークやったかも」

祝井が当時の苦労をこう述懐した。

「調べ室には捜査員が二、三人しかいませんから、その模様をマスコミにしゃべる刑事はそうそうはおらん。それがああも簡単に記事になるんやからかなわんかった。少なくとも、こちらにはメリットはありませんからね。となると、取り調べなんかの状況は、われわれ以外、カウス本人か、あるいは吉本側しか知らへん。吉本の役員がこちらに話していた内容が、そっくりそのまま週刊誌に載ったことまであった。その意味では、情報操作が利いていた、紳助の引退会見のときとよく似ているように感じました」

カウス捜査の最中には、雑誌に掲載された強引な取り調べについて、強要にあたると吉本興業の顧問弁護士が府警本部に抗議に訪れたこともあった。情報を漏らし、報道を利用して逆襲に出る。仮に吉本興業側から情報が漏れていたとすれば、マッチポンプのような話でもある。

事件では、キーマンであるマサの夫、裕章が死亡していたという壁が捜査に大きく立ちふさがった。捜査は中途半端に終わったあげく、捜査終結後にはカウス自身が金属バットで襲撃されるというきな臭い事件まで起きた。そして結果的に、一連の吉本興業疑惑はほとんど解明されないまま闇に消えてしまう。

「カウスは捜査には協力しようへんし、弁護士を通じて抗議に来よる。捜査はうまくいきませんでしたね」

元捜査四課の祝井はそう臍《ほぞ》を嚙む。そして、マル暴事件の捜査における最近の風潮について嘆く。

「ヤクザが絡むような捜査はやっぱりしんどい作業ですからね。相手もそうそうはうたわへん（自白しない）。多少荒っぽくガサを入れたり、取り調べたりしてもええのと違いますやろうか。そんな捜査は欠かせません。でも、最近は被疑者の人権問題がうるそうなって、捜査そのものがやりづらくなってきました。捜査員自身、サラリーマン化してきて、刑事を希望する者も少なくなったから、人員も足りんし、なかなか事件はできひん。年々、難しゅうなっています」

あれだけ騒がれたわりに、カウスは「吉本興業特別顧問」という役職を解かれただけで難を逃れた。少なくとも当時はそう見えた。だが、意外な形で再び中田カウスがクローズアップされることになる。暴力団との交際を理由にした島田紳助の電撃引退に対するカウスの仕掛け説だ。

紳助引退との因果関係

捜査が幕を閉じたとはいえ、やはり騒動のせいで中田カウスの影響力低下は免れなかった。疑惑が吉本興業のなかで根強くくすぶり続け、カウス自身が吉本興業における立場を失っていったという。

そんななか唐突に発表されたのが、島田紳助の電撃引退である。同じ暴力団絡みのスキャンダルであり、やがて二つの騒動の因果関係が関係者のあいだで話題にのぼるようになっていった。

「なぜ、ケチの吉本（興業）が、あの程度の極心連合会との付き合いでドル箱の紳助をほうるようなことをしたのか。（中田）カウスなんか、もっとひどいですやんか。となると、あの会社に何か切羽詰まった理由があったんか。あるいは内部抗争か……。そんな匂いもします」

元大阪府警捜査四課のベテラン捜査員たちは、口をそろえてそう言う。中田カウスは府警にとって、因縁の相手でもある。その元マル暴刑事、祝井十吾もまた、カウス騒動のあと紳助引退発表とのあいだに何かあったのではないか、と頭をめぐらせた。

「警察から見たら、今度の引退発表の時期そのものが中途半端です。紳助の引退には何らかの裏がありそうに思えてなりません」

そう疑問を差し挟む。実はカウスが紳助の引退を仕掛けたのではないか――。二〇一一（平成二十三）年八月の引退会見当初から、大阪府警のみならず関西の芸能関係者やタニマチ筋のあいだでは、そう囁かれてきた。

「引退会見の直後、当の紳助自身が、『カウスにやられた』と吉本で周囲に漏らしていた」

と話す吉本興業の元幹部社員もいた。そこに根拠がないわけではない。中田カウスと島田紳助の微妙な人間関係は、創業家とのいさかいの最中に取り沙汰されたことがある。

繰り返すまでもなく、カウス騒動が起きたのは、マサの夫で吉本興業元会長の林裕章が他界したあとのことだ。その亡くなる直前、カウスは病床の裕章を訪ねている。そのときの林裕章と中田カウスが交わした会話が注目されてきた。

折しもこのとき島田紳助は、吉本興業グループ所属のコラムニスト・勝谷誠彦の女性マネージャーに対する暴行事件を引き起こし、謹慎中の身だった。そのときの状況についてカウスは、紳助を案じていた林から「紳助を頼む」と後見役に指名された、と周辺に言い続けている。しかし、それは非常に疑わしい。少なくとも芸人の間では半信半疑で、「それはカウスが煙たい紳助を抑え込むための作り話ではないか」という説が根強い。元マル暴刑事の祝井十吾は二人の関係についてこう見る。

「芸歴はもちろん、ヤクザとの付き合いでも、カウスは紳助の大先輩にあたる。紳助と親しい極心（連合会）が山口組六代目体制の中核なのに対し、カウスは五代目組長の渡辺芳則そのものの威光を笠に着ていました。紳助が頼りにする極心の橋本（弘文）はしょせん五代目組長だった渡辺の元若い衆であり、カウスには『ワシのほうが上や』という意識があったのちゃうやろか」

芸人たちの多くには、ヤクザ気質があるともいう。祝井たちは〇七年当時、カウスの事件捜査に携わり、その後、紳助周辺の捜査にも着手してきただけあって、その見方はあながち的外れともいえない。島田紳助の引退は中田カウスのお家騒動からまる四年経て、突発的に発表された。その前後の吉本興業の動きについては、リゾート開発会社の社長が意味深長なエピソードを明かした。

「紳助引退発表の直前のことです。カウスが周囲の吉本の芸人たちに、『わしも庇うたったけど、もう庇い切れん。紳助、そのうちにえらいことになるで』と漏らしていたそうです。わしは吉本のことなら何でも知っとるという、いかにもカウスらしい自慢話ではあります。ですが、そのタイミングがあまりによすぎますやろ」

そしてこう推理する。

「カウスは自分の立場が地盤沈下し、代わって紳助が実力をつけたのが腹立たしいのではないやろか。（林）正樹君の話では、紳助が勝谷誠彦の女性マネージャーを殴って謹慎中だったとき、入院していた林裕章元会長のところにやって来たカウスは『紳助はアカン、切りなはれ』とベッドのそばでしきりに囁いていたそうです。今度の引退もそれと同じではないでしょうか」

つまり、これまでカウスがしてきた話と正反対に、紳助切りを画策していたのではないか、というのだ。こうも話す。

「林元会長がマネージャー殴打事件のときに、『紳助、許してやれ』と頼んだのはたしかなようです。ただ、それを逆手にとってカウスは『会長から紳助の後見人に指名された』と話をすり替えている。カウスはその時分から、紳助を切りとうてしょうがなかったんでしょう」

ヤクザとの付き合いに関し、紳助はカウスを見習っているフシがある、と祝井十吾は言う。

「カウスは五代目と親しい言うけど、それを組長本人に確認することなんか誰もできひん。それより奥さんやお嬢と親しいところを見せつけといたら、五代目との関係を信用される。それがカウスの手なんです。紳助はそれを真似ていたんと違いますか。

だから極心の橋本の嫁はんと親しくなり、石垣島に招待したり、飲み屋で写真を撮ったりしている。それを周囲に見せつければ、自分自身の存在が大きく見えるわけです」

〝虎の威を借る吉本芸人〟という点では、たしかに中田カウスと島田紳助はウリ二つかもしれない。その近親憎悪というか、自分自身とそっくりな後輩芸人に対する妬みだろうか。そんな中田カウスの紳助引退仕掛け説は、まだまだくすぶり続けている。

第四章　漆黒のボクシング興行史

「このあいだ、(日本プロボクシング)協会の理事会で暴力団排除条例の件が議題にのぼったと聞いて、憤りを感じました。たぶん理事会でヤクザを締め出す議案を諮《はか》ろうとしたんだろうけど、今の理事はみな若いので、歴史を分かっていない。ボクシング界は、あの人たちに何十年と世話になってきたんだ。チケットの販売なんかで」

公然とそう言って憚《はばか》らないボクシング界の重鎮がいる。木村七郎。間もなく八十歳に手が届く年齢だが、矍鑠《かくしゃく》としてそれを感じさせない。

木村七郎は東京・西武新宿線沿いの駅前でボクシングジムを経営している。話を聞くため、そこを訪ねた。駅の改札を出ると、目指すボクシングジムの看板が目に飛び込んできたので、すぐにそれとわかる。ジムはビルの三階にある。窓にも大きくジムの名前が書いてあった。ボクシングジムといえば、あまり日の差さない薄暗い部屋で、選手たちが黙々とサンドバッグを叩いているような光景をイメージしていた。案の定、ドアを開けると、ワセリンや松脂《まつやに》、それに汗が入り混じったような独特の匂いが鼻をつく。だが、なかに入ると、意外に明るくて広い。飾り気はないが、三階の大きな窓から、穏やかで暖かい春の日差しが、リングや練習マットを照らしていた。住宅街にあるスポーツジムのような清潔感がある。

木村はリングサイドにいた。練習生のボクシング指導をするトレーナーとしての第一線から身を引いているので、トレーニングウェアではない、茶色のブレザー姿で、ロープに肘《ひじ》をかけ、若い練習生のシャドーボクシングを笑顔で見つめていた。

「ああ、いらっしゃい」

振り向いてそう言った木村に、四畳半ほどの狭い事務室に通された。勧められるままソファーに腰掛けると、木村は事務机の椅子に座った。

切っても切れない腐れ縁——。芸能・スポーツのイベントには、常に暴力団の影がちらつき、長らくそう言われてきた。むろんそれは吉本興業に限った話ではない。漫才や芝居から演歌歌手のコンサートや格闘技イベントにいたるまで、かつて興行の世界は裏社会と何らかのつながりを保っていなければ成り立たなかった、と取材した当事者たちは口をそろえる。付き合いの濃淡はあるにせよ、吉本興業の経営陣や芸人たちと似たような歴史を歩んできたといえる。それが厳然たる事実であり、これまで実態があからさまにならなかっただけである。

「ボクシング界はあの人たちにさんざん世話になってきた。なのに、いくら時世とはいえ、いきなり暴力団と付き合うなでしょ。それはやっぱり申し訳ない」

木村は裏社会によるボクシング興行のバックアップについて堂々とそう語る。ボクシング界の重鎮は、その親しい交友について、むしろ誇らしげな表情で語り始めた。

相撲部屋と同じシステム

木村七郎は一九三五（昭和十）年三月二十五日、宮城県に生まれた。中学卒業後に上京し、十七歳でボクシングを始めた。アマチュア時代に二十一勝二敗という輝かしい成績を残し、プロデビューした。デビューした明くる五七（昭和三十二）年には、七戦全勝で第一回全日本フライ級新人王とＭＶＰをダブル受賞している。三迫《みさこ》仁志や米倉健司らと鎬《しのぎ》を削ってきた、まさしく日本のボクシング草創期に活躍した名選手である。

もっとも選手生命は意外に短い。腰を痛めた末、脊椎分離症にかかって現役引退を余儀なくされた。そこから後進の育成を手掛けるようになったのである。木村はまだ二十六歳の若さで、東京の新橋に「木村ジム」を開いた。以来、木村ジムはＷＢＣ世界フライ級チャンピオンの大熊正二をはじめ、日本、東洋を含め十四人ものタイトルホルダーを輩出してきた。その長年の日本ボクシング界に対する功績が認められ、木村本人は八四（昭和五十九）年から八六（昭和六十一）年まで日本プロボクシング協会の会長を務めている。

草創期から残っているボクシング界の重鎮であるがゆえ、世界タイトルや東洋太平洋のタイトルマッチを数多く手掛けてきた。みずからのジム所属選手のみならず、ときには他のジムの興行も手伝わなければならなかった。

そんな木村七郎にはボクシングのトレーナーやプロモーターという顔以外に、もう一つの役割があった。それが興行における暴力団との折衝だ。その役回りは、政界や企業社会に存在してきた〝汚れ役〟とはイメージが少し異なる。

通常、ゼネコンや銀行などにいる〝汚れ役〟社員は、よほど運が強くなければ社長や頭取にはなれない。だが、芸能事務所やスポーツ選手の事務所はそうではない。興行の世界では、もっぱら業界や組織の中枢を担うような大物経営者がその役を果たす。芸能プロダクションしかり、相撲界しかりだ。イベントの主催者が、みずからの興行を成功させるため、裏社会とのネットワークを築いてきた。いわば会社の重役や社長などの経営陣が〝汚れ役〟の任にあたってきたといえる。元日本プロボクシング協会会長の木村は、まさしくそんなボクシング興行史の歩みを体現してきた人物だ。今もそれを隠そうとしない。むしろ親しく交際してきただけに、暴力団へのシンパシーを感じてきたという。

「実は兄が新橋でキムラデンキという電器屋をやっていましてね。兄貴が社長で現役引退後の俺が形ばかりの常務だった。そのビルの同じ二階に、住吉（連合会・現住吉会）の副会長だった中村茂さんが事務所を開いていたんです。そこでもっぱら不動産を扱っていた。小さなビルの同じフロアだから隣同士でしょ。電器屋と暴力団事務所が同居している感じ。で、毎日行き来しているうち、仲よくなったんです。中村さんは阿部重作総長の子分で住吉の事務局長。阿部重作、磧上《せきがみ》義光、堀政夫という三代の総長の下で事務局長を務めるほど頭がいい人で、ボクシング好きでした」

こう明け透けに話す。繰り返すまでもなく、「住吉会」とは関東を拠点に一大勢力を築いている日本屈指の広域暴力団組織である。現役プロボクサーを引退した木村は、電器屋になるより、ボクシングの世界に身を置きたかったのだろう。ボクシングジムを経営し、後進を育成しようとした。しかし、ことはそう簡単ではなかった。

日本のボクシングジムは、ボクシング先進国の欧米とシステムや成り立ちがまったく異なる。欧米におけるボクシングジムは、単なる練習の場に過ぎない。個々の選手が自由に使いやすいジムを選び、トレーナーの下で練習を積みながら、試合に臨む。試合はプロモーターと呼ばれる興行師が、会場設定やチケット販売、広告主探しにいたるまでを一手に担い、その収益のなかから選手がファイトマネーを受け取る仕組みだ。

一方、日本の場合、もとはといえば、ジムは相撲部屋のしきたりを真似て始まったとされる。そのため相撲部屋を開くケースと同じく、ジムを開設するにもボクシング協会幹部たちのお墨付きがなければならない。とくにプロボクシングの世界は、日本ボクシングコミッション（JBC）から、ジムのオーナーライセンスを与えられた者にジムを運営させてきた。ジム経営者の多くは相撲の親方と同じく、トレーナーであると同時に、プロモーター、つまり興行師でもある。プロ選手や練習生とジムの経営者の関係は、相撲部屋の親方と弟子のそれに近い。相撲部屋の親方たちの集まりが相撲協会であり、ボクシングでいえばボクシング協会となる。

いくら名選手だったとはいえ、若造の木村が新たにボクシングジムを開くのは容易ではない。そのためには、先輩ジムの許しが不可欠だった。そこで頼りになったのが、長年、ボクシング界の守護神として君臨してきた住吉会だったという。

「私がジムを開こうとしたとき、それまで（現役時代に）所属していた『親和ジム』の会長が許可してくれずに困っていたんです。そこで中村さんに相談した。すると、『じゃあ、チャンのとこに行こう』と言う。チャンとは阿部重作総長のことで、（東京都港区）芝浦の事務所で経緯を話した。おかげでジムが持てたんです」

ジム開設の許可がもらえず頼ったのが、広域指定暴力団のトップだったというのである。日本のボクシング興行を裏から支えてきた住吉会の口利きがあれば、タテ社会のボクシング界も、首をタテに振らざるをえない。そうしてここから木村は、歴代総長との交友を深めていく。やがて逆にボクシング界そのものが木村に暴力団との折衝役を頼むようになっていったのである。

「売り興行」と「手打ち興行」

木村七郎にとって印象深い出来事の一つが、島田紳助の引退騒動で注目されたあの渡辺二郎の世界タイトルマッチだという。渡辺は日本人の歴代世界チャンピオンのなかでも屈指の強さを誇った。八二（昭和五十七）年四月にWBA世界ジュニア・バンタム級王座に就いて以来、世界戦十二連勝という輝かしい記録を持つ。具志堅用高の十四連勝に次ぐ成績だ。木村の披露した秘話は、その渡辺が山口組極心連合会の相談役という反社会勢力の一員に身を落とすずっと前、現役のチャンピオン時代の出来事である。

「渡辺二郎は、強いチャンピオンでしたからね。所属していた『大阪帝拳ジム』の吉井清先代会長から『東京でタイトルマッチをやりたい』と頼まれて世話をしたことがありました。はじめは吉井会長から『両国の国技館でタイトルマッチをする』と聞かされていた。そのときは『売り興行』なんで私はノータッチだった。だけど、事情が変わって私もかかわらざるを得なくなったんだ」

タイトルマッチがおこなわれたのは折しも、木村自身がボクシング協会会長だった時期のことだ。渡辺にとっては、これが東京における最初の世界タイトル戦となる。

木村の言う「売り興行」とは読んで字のごとく、主催者が興行の権利を第三者に売ってしまうことである。大きなイベント会場を使う場合、ジム単独ではなかなか客席を埋められないため、企画会社に興行を任せる。買い手の多くは電通や博報堂といった大手広告代理店で、それらが興行を取り仕切るシステムである。対して、イベントの主催者であるボクシングジムが独自に試合を催す場合を「手打ち興行」と呼ぶ。木村が渡辺のタイトルマッチのときの状況を振り返った。

「理由はわからんけど、大阪帝拳が最初ボクシング協会に届けていた会場の国技館が使えなくなったという。それで、今度は後楽園ホールでやりたいとなったんです」

国技館という大会場を埋めるための売り興行を中止し、大阪帝拳ジムみずからが渡辺の世界タイトル戦を主催する手打ち興行に切り替えたのだという。滅多にない世界タイトル戦のトラブルだけに、スポーツ紙の記者たちも、中止を察知して騒ぎ始めていた、と木村が続ける。

「ちょうど朝の八時半か九時ごろだったと思います。(大阪帝拳ジムの姉妹ジムである)東京帝拳のマネージャーからいきなり、『今日、後楽園飯店で記者発表をやるから来てもらえないですか』と電話があってね。そうして国技館の売り興行から後楽園の手打ち興行に変わった。それを発表するというんだ。で、協会長だから挨拶しなけりゃならない、と言われて駆けつけたんです。吉井さんは大阪でいちばんの実力者ですけど、東京の興行となると不慣れでした。だから私も協会長として、ひと肌脱がなければならなくなるんです」

問題はチケットの販売だ。読者は興行の仕組みについては、ほとんど馴染みがないだろう。通常、日本でおこなわれる世界タイトル戦のボクシングチケットの価格は、リングサイドで五万円程度。以下、三万円、二万円、一万円といった具合にランク分けされている。興行売り上げでいえば、一万人収容できる国技館のような大会場で二億円から三億円ほどになる。世界タイトルマッチは、それにテレビ放映権料やスポンサーの協賛金が加わり、五億円前後といった収入のようだ。

ちなみにボクシングのテレビ放映権料は時代によって変動があるが、最高ランクの亀田興毅（ＷＢＡ世界バンタム級チャンピオン・当時）あたりで一億円前後が相場だという。亀田クラスの知名度があってはじめて、かつてのプロ野球の巨人戦と同じくらいになる。巨人戦は今でこそ視聴率がとれないので、民放の地上波デジタル放送であまり見かけなくなったが、以前は毎日のように放送されていた。数ヵ月に一度の世界タイトルマッチが、そんな日常の人気番組と同じ放映権料というから、世界タイトル戦といってもテレビにとってボクシングはさほどの大イベントではないのかもしれない。

木村が話を渡辺二郎のタイトルマッチに戻す。

「一万人を収容できる国技館に比べ、後楽園ホールだと千五、六百人の客しか入らない。目いっぱい入れたってせいぜい二千人ほどです。当初、渡辺二郎のタイトル戦に予定していたのは一万人の客だったわけだから、後楽園ホールだとむしろ切符が足らなくなるんじゃないか、と思った。でも、案外そうじゃなかった。チケットを印刷する前の段階でなかなか買い手が見つからず、売れ残りそうだという。で、大阪帝拳の吉井さんから『会長、どこか（引き受けてもらえるところを）お願いしますよ』と頼まれたんです」

チケット販売の売り上げだけでいえば、後楽園ホールは国技館の五分の一以下だ。仮に国技館が二億円の売り上げだとして単純計算すると、後楽園ホールなら四千万円、三億円でも六千万円にしかならない。木村の説明が続く。

「後楽園は狭い分、近くのいい席の配分が多いし、専用施設で経費がかからないのでやりやすい面はありますが、チケットの売り上げ規模からいえば、国技館と後楽園では比べ物にならない。うちの大熊（正二）戦のときで、六千万円ぐらいでした」

その六千万円のチケット販売に四苦八苦するのだという。まして渡辺二郎のときは予定が変更され、大手の広告代理店も手を引いている。それらのチケットをどう売り捌《さば》いたのか。そんなときにものを言うのが、日ごろ大切にしてきた裏社会との関係なのだ、と木村が話した。

「協会長だったから仕方ない。やはり私も協力しなければいけませんでした。それで、住吉のボクシング担当の人に一千万円ほど面倒見てもらったのです」

「ほら、切符来たよ」

関東の広域組織である住吉会は、長らく日本全国のボクシング興行に睨みを利かせてきた。旧住吉連合会という名称どおり、総長の下にいくつもの組がある連合組織だ。その住吉会のなかでも本部長だった小林楠扶《くすお》の率いる有力組織「小林会」は、銀座を根城に、芸能・スポーツの各興行を取り仕切ってきたとされる。

「小林会は芸能、ボクシングなど、それぞれに担当の幹部がいました。だからこういうときは、ボクシング担当の人に話を持っていくのです」

木村が事情を説明する。阿部重作以来、歴代総長と昵懇だった木村は、ボクシング興行を任された小林会と深く付き合ってきた。木村自身が名前を明かしたわけではないが、渡辺二郎のタイトル戦のときにチケットの引き受けを頼んだ相手が、現在の二代目住吉会会長の福田晴瞭だ。

「もちろん（福田が）まだ会長になっていないころでした。（福田は）小林会にいて、私が小林会の事務所を訪ねると、小林会長は『ほら、切符来たよ』と担当を呼ぶ。その担当があの方でした。小林会長は日ごろからボクシングのことをみんな（福田に）任せていました。そんな日ごろの付き合いがあるから、渡辺二郎のときも直接（福田に）電話したのです。で、まず大阪帝拳の吉井会長と食事でもしようとなった。ホテルニューオータニの和食店だったと思う。そこで三人で話をしたんです」

仕組みは至極単純だ。木村たちボクシングの興行を主催する側が、チケットを住吉会に持ち込み、ボクシング担当窓口は言い値どおりチケットを買い取る。暴力団側でチケットを使って儲ける簡単な方法として、それを転売することもできる。回り回って余ったチケットがダフ屋に流れることもある。いずれにせよチケットは、なんらかの経済活動に利用されてきたのだろうが、木村はこう言う。

「こちらの話はそれほど難しくありません。『今度、渡辺二郎が後楽園で試合をやるので切符販売をお願いできませんか』と頼むだけです。頼んだら、『幾ら？』と聞かれたので、たしか『一千万円ほど』と答えただけ。『あ、そう』と、あっさりしたもんです」

前述したように、後楽園ホールの正規のチケット売り上げは、世界戦で多少チケットの額が上がったとしてもせいぜい五、六千万円程度だ。興行を主催する側にとって、そのうち一千万円を買い取ってくれる暴力団幹部は、たしかにありがたいに違いない。木村の話は、思っていた以上にあけっぴろげだ。

「向こうに渡すチケットの種類はこちらが適当に決めます。五千円や一万円の安い切符はかさばるから、だいたい二万円以上、ほとんどが三万や五万の席の切符です。それを銀座の事務所へ持っていくと、現金を用意してくれています」

その筋の人間が買うのはリングサイド席をはじめ、高価なチケットばかりだそうだ。世界タイトルマッチでは、しばしば女優やモデルがリングサイドを彩っている光景を目にするが、こうしたチケットが転売されているのかもしれない。

むろんこうしたイベントチケットのケースは、渡辺二郎のときのような世界タイトルマッチに限った話ではない。ボクシング界では、それ以外にも暴力団の親分たちから祝儀を受け取る慣習があった。それも馬鹿にならない。

「住吉の堀政夫（元）総長はボクシング好きで、いつもたくさん祝儀を包んでくれました。われわれはそれを『激励賞』と呼ぶんだけれどね」

木村がそう打ち明ける。激励賞とはその名のとおり、選手を励ますための祝い金だ。

「祝儀そのものはヤクザに限らず、後援者やスポンサーが試合前に包んでくれるものですが、堀総長は最低でも一度に五十万以上は出してくれました。試合前が激励賞（という名目）で、終わったあとが『（勝利の）お祝い』です。今はもうなくなったけど、『堀政夫様から激励賞をいただきました』と試合前にリングアナウンスしていました。さすがに組の名前はアナウンスしませんけど、十年ぐらい前までは、堂々としたものでした」

大相撲でいうところの懸賞金のような感覚だったという。が、そこには別のカラクりもあるようだ。

「大阪あたりのジムが横浜アリーナとかさいたまスーパーアリーナなんかで、世界レベルの試合をやるでしょう。たとえばそこで五万円のリングサイドチケットを二十枚買ってもらう。すると代金は百万円ですが、そこに『激励賞』名目で七十万、八十万円と上乗せしてくれる場合もある。激励賞は公表しなくてもいいので、これについては、ジムの裁量で、選手に渡すこともあるんです」

経理上、チケット代は売り上げとして税務申告しなければならないが、祝儀はジムの裁量で興行の収支に計上してもしなくてもいい。木村をはじめ多くの興行主催者には、そのような経理面の意識は欠如しているだろうが、祝儀が裏金に化けることもしばしばある。

ドンブリ勘定の興行の世界ゆえになせる業《わざ》で、ひところブームになった格闘技「K－1」の裏金づくりなどは、その最たるケースだった。選手に支払う高額なファイトマネーや移籍金などを裏金で捻出してきた挙げ句、K－1の運営会社が脱税の罪に問われた。選手にとっても、裏金なので税務申告する必要はない。そもそもタニマチから受け取る〝ごっつぁん〟の世界だから、そうした感覚もないのである。自由に使える資金は、興行主にとっても、何かと都合がいい。ありがたいことこの上ない存在なのだ。

こんな諸事情も手伝い、ボクシング界と暴力団は、まさに持ちつ持たれつの関係を築いてきたといえる。ただし木村は、世間の考えているような従属関係ではない、と繰り返しこう力説する。

「暴力団はボクシング界から金をかすめ取っているようにいわれるけど、私たちにしてみたら切符を買ってもらう相手です。そうやって、ボクシング界はタイトルマッチで海外から世界チャンピオンを呼ぶための何千万円ものギャラをつくってきた。住吉の阿部重作総長が一番最初で、そこから堀政夫総長……。あの人たちが応援してくれたから、興行が成り立ってきたんだ。それが、だんだんうるさくなり、今では試合の切符を持っていても、あの人たちを会場に入れないという。まったく付き合うなとね」

木村はあくまで擁護派だ。しかし、暴力団は単なるタニマチや慈善事業団体ではない。ボクシングの試合のチケットを引き受けるのには、それなりの理由がある。二〇一一（平成二十三）年十月一日からの東京都の暴力団排除条例施行以降、芸能・スポーツ界における広域暴力団の取り締まり強化を進める警視庁の組織犯罪対策部の幹部が指摘する。

「たとえば奴らがチケットをどこでどのように売り捌いてきたか。それが暴力団の資金源となってきた可能性が非常に高い。奴らがその手の活動資金を元手に、違法行為を繰り返してきたことを忘れてはいけません」

亀田家トラブルの深層

「大阪府警の方から、警備態勢についてご協力いただけることに大変感謝いたしております」

二〇一一年十二月七日、WBA世界バンタム級チャンピオンの亀田興毅は、大阪でタイトルマッチを戦った。その世界防衛戦を控えた十月十八日、大阪府警を訪れるという奇妙な行動に出る。そのあと、スポーツ紙の記者にこう語った。ふだんの威勢のいい姿はなく、いつになく神妙な亀田家の長男に記者たちは思わず拍子抜けした。

言うまでもなく大阪府警への訪問は、来《きた》るタイトルマッチに備え、暴力団による妨害や関与がないよう、相談に行ったものである。この年の十月、最後に残った東京都、沖縄県で暴排条例が施行され、警察庁が日本全国で暴力団排除の気運を盛り上げていた時期にあたる。亀田の行動や発言が、そうした気運を察知したものなのは言うまでもないが、それにしてもあの亀田が、なぜこれほど殊勝なパフォーマンスを演じたのか。そこには前段がある。

折しも吉本興業の島田紳助引退で騒がれていたさなかの八月三十一日、亀田興毅は東京の日本武道館で二度目のWBA世界バンタム級タイトルマッチをおこなった。格下である世界八位のデビッド・デラモラと戦い、三回にダウンを奪ったが、微妙な判定でいつもの後味の悪い勝利となる。が、もっと悪かったのは、このタイトル戦を暴力団幹部が観戦していたことだ。ふだんの言動や東京都の暴排条例施行まで残りひと月という微妙なタイミングとが相まって、いつも以上にそのことが話題になる。

しかもその四ヵ月足らずあとの十二月には、大阪府立体育会館での世界タイトルマッチが予定されていた。そこで慌てた亀田陣営が十月になって大阪府警を訪問したわけである。前述した記者発表のコメントは、そのあとのことだ。亀田興毅は日本ボクシングコミッション（JBC）の職員とともに、みずから会場の警備を願い出たという。

「われわれ選手はリングの上で最高のパフォーマンスができるよう、試合まで精いっぱい練習してくだけです」

記者を前にそう殊勝に語る亀田の会見は、警察向けのパフォーマンスとも囁かれた。大阪で独自のボクシング練習をしてきた亀田興毅の師は、父の亀田史郎だ。その父親はヤクザまがいの言葉遣いやおこないがたたり、すでにこの時点でボクシング界を追われている。常に暴力団との関係が囁かれ、今度の暴排条例施行にあたり、捜査当局がターゲットにしているともいわれた。

そんな亀田家には意外な素顔がある。元日本プロボクシング協会会長の木村七郎が、亀田家と暴力団の関係について赤裸々に語った。

「実際に私が亀田の父親たちと会ったのは、協栄ジムからの独立騒動のときが初めてです。もともと話題のボクサーなので評判は仄聞《そくぶん》していたけれど、彼らが『協栄ジム』でやっているときは、接触はなかったんだ。しかし、独立したいと言い出した。独立を手伝ったりしているうち、けっこう深い付き合いになったね」

元日本プロボクシング協会会長の木村は、亀田家とも妙な縁がある。〇七（平成十九）年、次男の大毅が内藤大助との世界フライ級タイトルマッチで反則を連発し、ボクシング界から爪弾《つまはじ》きにされていた時期からの付き合いだ。木村は亀田三兄弟の才能を惜しみ、面倒を見てきた。いわば亀田家の恩人といえる。

「ちょうど私が頸椎の手術のため、九段坂病院（東京都千代田区）に入院していた〇八（平成二十）年七月でした。世界戦のマッチメーカーであるジョー小泉が、とつぜん親父の史郎氏を連れて部屋に入ってきた。そこで唐突に『協栄から独立させ、亀田ジムを旗揚げしたいので、手伝ってください』と頼まれたのです。あのころは亀田の親父がどういう人間かも知らなかったけど、悪い印象は持ってなかった。男手一つで三人のボクサーを育てたわけで、しかも長男は世界チャンピオンというスターなのだから。いろいろ言われるけど、それはすごいよ」

木村が当時の病室の模様を思い起こしながら、そう語った。ふつうの感覚だと、あれほどガラの悪い父親は敬遠したくなるところだが、往年の名選手である木村の人物評価の基準は少し異なる。ボクシング界の重鎮だけに、やはりボクシングへの取り組み方が大事なのだという。むしろ亀田のスター性に惹かれていた面があったらしい。

「初対面の親父は黙って椅子に座って、かしこまっていた。独立するにあたっては、WBAスーパーフェザー級王者の内山高志が所属するワタナベジムが推薦人となり、トレーナーまでつけるという。ただし、ボクシング協会のなかから反対意見が出ると、コミッションも独立をオーケーしない。だから、まず私に賛成してほしいということだったのでしょう」

このとき協栄ジム会長の金平桂一郎と亀田史郎が、ファイトマネーの未払い問題で揉めていた。亀田ジムの独立となれば、所属選手である亀田三兄弟は協栄ジムから移籍する形になる。すると協栄ジムは、それまで払っていないファイトマネーを亀田に支払って清算しなければならない。その一方、選手を手放す場合、それまでの所属ジムは移籍先のボクシングジムから移籍金を受け取れる。つまりファイトマネーの支払いと独立する亀田ジムからの移籍金の両方が存在し、その金額を巡って揉めていたのである。木村が言葉を足す。

「協栄と揉めていたのは薄々知ってはいた。けど、（実力のある亀田の）独立は悪いことではない。それでその間、協会の理事たちが病院に見舞いに来るたび、『俺は賛成だよ』と言って意思表示しておいたんだ」

そうして木村がボクシング協会に向け、亀田ジム独立のお墨付きを与えた格好になる。しかし、やはり金銭トラブルはあとを引いた。もともと亀田三兄弟は協栄ジムの所属選手ではなく、大阪から移籍した選手だ。実はそのときも莫大な移籍金問題が発生していた。亀田の東京進出を巡り、想像していた以上に、複雑な事情が絡み合っていたのである。

借金した相手は山口組大幹部

もともと亀田一家は大阪市西成区の天下茶屋《てんがちゃや》に住み、「グリーンツダ」というボクシングジムに所属していた。グリーンツダは津田博明が一九八〇（昭和五十五）年二月、西成区に設立した下町の小さなジムだ。西成出身で「浪速のロッキー」との異名を取る赤井英和をプロのリングに送り出したあと、ジムとしての人気が高まる。〇七年に津田が死亡したあとは、夫人が会長に就任してジムを引き継いだ。赤井のほか、WBC世界ストロー級とWBA世界ライトフライ級の二階級を制した井岡弘樹などを輩出した大阪の名門ジムである。

亀田興毅は、十六歳でフライ級の全日本社会人選手権に優勝し、将来を嘱望されていた。グリーンツダジムとしては手放したくはない逸材だ。それが、プロデビューしたのちの〇五（平成十七）年四月、とつぜん東京の協栄ジムへ移籍することになる。

このとき協栄からグリーンツダへ支払われた移籍金が、三千万円とスポーツ各紙で報じられている。

いくら有望視されていたとはいえ、しょせんアマチュアボクサーであり、オリンピックなど大きな戦歴もない。三千万円の移籍金は、やはり高いといえる。そこには案の定、裏話がある。説明するのは、元大阪府警捜査四課のベテランマル暴刑事、祝井十吾だ。

「グリーンツダは山口組と付き合いがあり、なかでも『英組《はなぶさ》』組長の英五郎から大きな借金をしていたみたいです。そんな資金繰りに窮しているとき、亀田が東京に行きたいと言い出した。それで、移籍金で借金を清算したと聞いています」

英組を率いる英五郎（本名・津留英雄）は、大阪市の西淀川区に本部を置いている。六代目山口組組織における舎弟と位置付けられている大物ヤクザである。舎弟は、直参と呼ばれる直系二次団体の一角だが、その筋では子分ではなく弟分という位置付けになる。いわゆる兄弟分であり、山口組のような大きな組織では古参幹部たちしかその地位につけない。組長の英は山口組のなかでも相当な古手であり、一目置かれてきた大物暴力団組長といえた。

その英が一九六九（昭和四十四）年に天下茶屋で、「はなぶさ綜業」として組を立ち上げたのが、大阪でのヤクザ稼業のはじまりとされる。格闘技好きで知られ、同じ天下茶屋のグリーンツダや地元に住んでいた亀田家を支援してきた。ボクシング界とは縁が深い。ボクシング界のことを隅から隅まで知り尽くしている元ボクシング協会会長の木村七郎に、改めて亀田移籍の経緯を尋ねてみた。

「どうもグリーンツダに借金があったのは、その通りのようです。先代の津田博明会長の時代に、ジムの運営が大変になったのかもしれん。借金相手はその山口組の大幹部（英五郎のこと）で、興毅の移籍金で、借金を清算できたと聞いています。移籍金については、アマチュアからのトレードでも、千五百万、二千万というケースがあるから、興毅なら（スポーツ紙で報じられた）三千万円でも不思議ではありません」

木村が渋々、そう打ち明ける。

「私自身、津田会長のことはよく知っています。私がボクシング協会の会長としてゴルフコンペをやり始めると、津田会長はわざわざ大阪から毎回参加してくれていました。親しくしていたので、井岡の世界タイトルマッチなどを東京で主催するときなどは、津田さんから相談されたこともある。世界戦は普通の試合とは違い、一万人近い客を入れなくちゃいけない。ボクシングはリングサイドから切符が売れ、安い三千円の席などを埋めるのが大変だから、新聞社に協力してもらったり、いろいろ工夫しなければならないんです」

大阪なら津田の顔で、一万人収容の府立体育会館を借りてタイトルマッチをおこなえるが、東京だと前述した大阪帝拳の渡辺二郎の世界戦のときと同様、不慣れなのでアクシデントも多い。ボクシング興行に抜群の手腕を発揮してきた木村は、東京で頼りにされたに違いない。加えて木村と津田には共通点もあった。木村が暴力団との折衝を引き受けてきたことはたびたび書いたが、実はグリーンツダジム会長の津田も、関西のボクシング界で木村と似たような役割を担ってきた。関西のジムだけに山口組との交友が欠かせなかったのである。

その山口組直系の英組組長と亀田一家との間柄については、これまでも何度か報じられてきた。亀田の後援者としていっしょに撮影した映像や写真が流出したことまであるが、亀田一家と山口組幹部のあいだには、まだまだ知られていない逸話がある。

亀田が東京に進出して以降、英と亀田の関係には微妙な変化が生じた。たとえば〇六（平成十八）年三月八日、東京・両国の国技館で亀田興毅の試合がおこなわれたときの話も、その一つの顕《あらわ》れと言える。亀田の相手はメキシコの世界ランカー、カルロス・ボウチャン。〇五年に大阪のグリーンツダジムから東京の協栄ジムへ移籍した興毅にとって、これがWBAでフライ級に転向して初めての試合となる。元ボクシング協会会長の木村も、その試合を観戦した。試合前のエピソードを明かす。

「この試合に（英の）席が用意されていなかったのです。事前にそれがわかったので、協栄ジムの金平の奥さんに聞くと、招待状を用意していないという。なんでもジムには他の協賛者がいるから、英さんを招待できないという話でした」

当時、後援者の組長にチケットをプレゼントするのは、ボクシング界の慣習だった。暴力団排除条例の施行される五年前であり、相手が暴力団幹部であっても、招待券を贈る付き合いは日常茶飯事だ。かつて亀田や所属ジムのグリーンツダが英の後援を受けてきた事実を知らないわけではないだろうから、なぜ協栄ジムの金平が英に招待券を贈らなかったのか、木村は首をひねった。むろん、長年、亀田一家を応援してきた英にとっては、おもしろくない。東京のジムに移籍したとはいえ、面子の問題もある。亀田の試合で英に招待チケットが届いていないとなれば、やはりトラブルに発展する可能性が高い。ボクシング界で暴力団の窓口役を果たしてきた木村としては、それを心配した。

「だから、こちらで用意しようか、とグリーンツダに伝えました。すると、英さんの招待券は私たちの関係だから、チケットぴあみたいなところで切符を買って、それで招待します、という。それでおさまりました」

　試合は亀田の六ラウンドノックアウト勝ちに終わる。木村はその後、ボクシングの試合会場で英と会っている。そのときの後日談を披露した。

「英さんはできた人でね。わかっていても何も言わない。後楽園の試合で、英組の若い衆と東京のあるジムの会長が揉めたことがあったんだ。ジムの会長は酒癖が悪くて、その若い衆がトイレに行っているあいだに（ジムの会長が）席に勝手に座っていた。それで戻ってきて喧嘩になったんだ。あとでその若い衆が山口組の大幹部である英さんの子分だと分かった。けれど、英さんはそのこともまったく問題にしなかった。私と名刺交換したとき、『私は東京で評判悪いでしょ』なんて謙虚にいうので、恐縮しました」

　山口組の幹部だけあって、そのあたりはわきまえているのだろう。一方、喧嘩をした張本人のボクシングジム会長は、しばらく後楽園ホールへの出入りを禁止されたという。亀田戦の招待チケットの一件を含め、こうした暴力団幹部との対応に木村が欠かせなかったのは、繰り返すまでもない。

暴力団が観戦した理由

ボクシング界にも、ヤクザ顔負けの性質《たち》の悪い輩《やから》はいる。いわばその典型が亀田家の父親、史郎だ。ボクシング界きってのトラブルメーカーといえる。

言うまでもなく、最初は次男の大毅と内藤大助との一戦だ。

「かまへんから、肘でいけ」

劣勢になると、セコンドについた兄の興毅とともに反則の肘打ちまでアドバイスし、興毅は謹慎。トレーナーだった父親には、間もなくライセンス停止処分が下った。そんな亀田家を庇い続けてきたのが、元ボクシング協会会長の木村七郎でもある。

「実は私は父親のカムバックをコミッショナー事務局へ働きかけていたんです。二年ぐらい前から事務局長に『亀田史郎はいつカムバックさせるんだ』と話していたところ、ちょうど二〇一〇（平成二十二）年の十月でライセンス停止三年になるという。

その時点で、カムバックさせようと話がついていたんです。亀田の親父にそのことを教えてやって、いよいよというときでした。そこでまたあんな問題を起こしちゃったわけです」

木村がそう悔やむ。あんな問題とは、一〇年三月におこなわれた亀田興毅のＷＢＣ世界フライ級タイトルマッチ初防衛戦での出来事だ。相手はタイのポンサクレックという強敵だった。その試合で興毅が負け、判定に腹を立てた史郎が、あろうことかボクシングコミッショナーを恫喝してしまう。ボクシング界を永久追放される原因になったあの騒動だ。木村が残念がる。

「息子の試合終了後の控え室で親父が、『おまえら、首とるぞ』とコミッショナーを脅したんだよ。それで一発。無期限のライセンス停止くらいの処分なら何とか交渉できるけど、ライセンス剝奪だから、どうしようもない。永久にトレーナーをできなくなっちゃったんだ。せっかくもう少しだったのにね」

二〇一一年十月一日、暴排条例が全国にいきわたった。反社会勢力に対する付き合い方が見直されるなか、亀田一家の動向はボクシング界で最も注目されてきた。そんな渦中の八月三十一日、興毅の世界タイトル戦を観戦していたのは、住吉会のボクシング担当者だ。このとき木村も、会場でその担当者と居合わせている。

「あの日は私も、リングサイドの実況席の隣にいました。メインイベントまで少し時間があったので、コミッショナーと雑談し、その後、席に着いた。すると、後ろから『会長、こんちは』とポンと肩を叩かれた。それが（住吉会の）今のボクシング担当者でした。『会長、そのうち電話しますよ』とだけ言って向こうへ行きましたけど、あのときの観戦があとで問題になったんだね」

住吉会のボクシング担当となれば、ただでさえ警察からマークされている。よりによって暴排条例施行まで一ヵ月というこの時期に、試合の観戦にやって来たのはなぜだろうか。招待したのは亀田側だろうか。そこを尋ねてみた。

「招待したのが誰かは知りませんが、二年ぐらい前から、世間がうるさいので、入場券の裏に暴力団関係者お断り、と書くようになった。すでにヤクザには招待状を出さなくなっていたんだ。だからたぶん、亀田側も招待していませんよ」

と、次のようなこぼれ話をする。

「試合が終わって二日、三日と経ったあと、この件で警察から協会やコミッショナー、亀田ジムに問い合わせがあったみたいなんです。それで、亀田ジムから私にも電話があった。『警視庁に亀田ジムが暴力団を招待したのか、と聞かれたんですが、木村会長が切符を贈ったんですか』という。そんなことするわけないので、『そっちじゃないのか』と問い質したら、違うという。『なら、ローソンかどこかで個人的に買ったんじゃないですか』と否定していました」

住吉会のボクシング担当者が、ただでさえ目立つ亀田興毅の世界戦をなぜ観戦したのか。ひょっとすると、亀田に対する住吉会側による何かのシグナルだろうか。そこを警視庁の組織犯罪対策部幹部に尋ねてみたが、首をかしげるばかりだ。

「実は亀田一家は暴力団との関係を断ち切りたがっています。この一件のあと、大阪府警に相談に行ったのも、そのためなんです。一方、暴力団が何らかの働きかけをしているかといえば、そうもうかがえない。むしろ、取り締まりが厳しくなっているので、慎重になっています。そんな状況だけに、八月の亀田戦の観戦は理解できないのです」

今のところ表面上は警察、暴力団双方が睨みあい、身動きとれない状態だという。

木村もこう指摘する。

「その（住吉会の）ボクシング担当者は、ある有名ジムの会長に『世界チャンピオンを連れて（自分の）親分のところへ挨拶に来てくれ』と頼んでいたことがあったんです。でも、そんなことが世間に知れると大変です。だからジムの会長に、『行くんなら（選手を連れず）お前一人で挨拶に行け』と釘を刺した。こういうご時世だから、ボクシング界のことを考えると、そうする以外にないのです」

しかし取り締まりが強化されてなお、付き合いを断ち切れない部分もある。水面下では激しい攻防が見え隠れし、その狭間でボクシング界は揺れている。

東京ドームこけら落としの舞台裏

ボクシング界とヤクザの世界は長く互助関係にあった。少なくともその事実を消し去ることはできない。元日本プロボクシング協会会長の木村七郎は、そこに初めて正面から向き合い、実直に告白してくれた稀有な人物だ。暴力団との折衝窓口という顔を持つ半面、木村は紛れもなく戦後、日本のプロボクシングを発展させてきた。世界に先駆け、選手の健康管理のためにＣＴスキャン検査を導入したこともある。

その木村が、なぜボクシング界に耳の痛い話をするのか——。取材当時、関係者からそんな声まで聞こえてきた。だが、木村は毅然と話した。

「私は、常にボクシング界のことを考えてやってきたつもりです。過去、ボクシングの興行で事実、あの人たちにチケット販売などで応援してもらった。そして今は、『世界チャンピオンを連れて挨拶に行ったりするのはやめろ』とも言った。ボクシング界はこれからどうしていけばいいのか、それを考える上で、誰かが言わなければいけないことだと自負しています」

暴力団排除条例施行の大きな波は、一般企業から建設業界、芸能界にいたるまで、広く日本社会に広がった。否応なくボクシング界も、そこで大きな変革を迫られたといえる。木村七郎の証言は、ボクシング界の歴史的な転換を検証する上で非常に貴重だ。

木村は一九八八（昭和六十三）年春におこなわれた東京ドームのこけら落としにも、かかわっている。ドームのオープニングイベントとしては、美空ひばりがカムバックした際の不死鳥コンサートが最も有名だろうが、もう一つの大きな目玉があった。それがこの年の三月二十一日におこなわれたＷＢＡ・ＷＢＣ統一世界ヘビー級タイトルマッチである。無類の強さを誇ったチャンピオンのマイク・タイソンが、ＷＢ

Aランキング二位のトニー・タッブスを迎え撃った試合だ。

東京ドームのこけら落としは、表の産業界と裏社会が一体となり、バブル景気の恩恵に与《あずか》っていた時期にあたる。そこでは、さまざまな利権や思惑が錯綜し、トラブルが頻繁に発生した。ボクシング興行において暴力団との折衝を担ってきた木村は、とくにそんな時代に辣腕を振るってきたといえる。なかでも、木村の印象に残っている出来事がドームの一大イベントだった。

「ドームのこけら落としとなったこの試合では、ボクシングコミッションの渉外部長が頭を抱えていました。そこで、部長が私のところへ相談にやって来た。相談の理由は、(東京都)文京区をシマ(縄張り)にしている住吉会の有力組織から『招待券を持って来い』とコミッション事務局が迫られていたからでした。普段、招待券は試合の三、四日前になってはじめて出すもんです。けれど、タイソンの試合はことのほか評判になったせいもあるのかな、『早く寄こせ』とせっつかれていたらしい。その組が招待券を住吉会の堀政夫総長のところへ持っていかなければならないから、という話のようでした」

住吉会は暴力団組織の連合体であり、その頂点に総長が君臨してきた。これまで触れてきたように住吉会の総長は、裏稼業から全国のボクシング興行に睨みを利かせてきた暴力団のトップだ。ボクシング界にとって最も神経を使い、大事に扱ってきた人物だといえる。

世界タイトルマッチなどの招待券は、財団法人日本ボクシングコミッションの権限で、特別な客に用意される。過去、渉外担当者が渡してきたそんな特別な相手の一人が、住吉連合会の歴代総長だったのである。

もっとも、東京ドームのこけら落としにおけるトラブルは、住吉会という指定暴力団に招待券を渡すか、渡さないか、というストレートな話ではなかった。前述したように住吉会はヤクザの組の連合体であり、組同士における勢力の競い合いがある。招待チケットの一件でも、それは例外ではない。数ある組組織のなかで、どこの組が総長である堀のところへドームのこけら落としの招待券を届けるか。それは非常に重大な事項であり、そこを競うのは当然だ。少なくとも木村はそう受け取っていた。

「普段の試合なら、招待券は住吉会のボクシング担当（の小林会）に預ければ、ことが足りる。しかし、このときは東京ドームのこけら落としという一大イベントだけに、事情が違ったんです。そこにはシマの問題があったのでしょう」

縄張りの分捕り合いが原因とされる抗争は、暴力団社会でしばしば耳にするが、暴力団の縄張りは地域の問題だけではない。コミッションに招待券を要求した有力組織は、東京ドームのある文京区後楽を縄張りにしてきた住吉会の音羽一家という老舗の組だった。一方で同じ住吉会には、従来、ボクシングをはじめ芸能やスポーツの興行にかかわってきた銀座の小林会が存在する。そこで地域的な縄張りと業界別のそれがぶつかり合ったといえる。

つまり、地域的には東京ドームのこけら落としは音羽一家の仕切りになるが、ボクシングというイベントの性質からいえば、小林会の担当になる。東京ドームのこけら落としという一大イベントだからこそ、どこが取り仕切ったか、あとあと語り草になるため、面子や沽券《こけん》にかかわるのだろう。そこで、同じ住吉会の二大有力組織が張り合う格好になった、と木村は解説した。

「ボクシングに理解があるといっても、実際に住吉会の総長が試合に来たことはほとんどありません。激励賞なんかのお祝いを出しているだけでしたけど、どちらにしても招待券は持っていかなければならない。そこへボクシング担当の小林会から『今までどおり、私が総長のところへ持っていきますから、こちらへ届けてください』と連絡があったんです。そうなると、もう一方が収まらない。で、どうすればいいか、コミッションの渉外部長から私のところへ相談が持ち込まれたわけです。こう言っては何ですが、そんなややこしい問題を解決できるのは、ボクシング界で私のほかにいませんからね」

木村がそう述懐する。双方の面子をどう立てるか、そこが思案のしどころだったという。

「自分のシマで世界一の試合があるのに、ボクシング界から挨拶一つなく、梨のつぶてでは面子が立たない。要は、どちらが総長に招待券を届けるか、という話で、両方からせっつかれている。どうしようか、と一晩中悩みました。そこで小林会へは、『タイソンの世界タイトルマッチの招待券は向こう（注・音羽一家）が持って行くことになります、と総長に伝えておいてください』と電話したんです。びっくりしていたけど、すぐにその意図を察してくれました」

これだと、住吉会の総長に招待券を届ける段取りをしたのが小林会で、実際にそれを総長に贈ったのが音羽一家ということになる。住吉会内の二大組織がともに顔が立つようにした末の苦肉の策だ。このときの小林会のボクシング担当者が、のちに住吉会会長になる福田晴瞭だった。

「それを聞いた堀総長は、『ああ、そのほうがいい』と小林会のボクシング担当に答えたそうです。そのおかげで、あとで堀総長が私に『(小林会のボクシング担当である福田は)若いのになかなか考えている、大物の風格があるなあ』と褒めていました」

東京ドームのこけら落としという注目のイベントだけに、異例の措置を取らなければならなかったという。だが、換言すれば、このことは暴力団の大親分への招待券プレゼントが、過去、財団法人の日本ボクシングコミッションが認定した行為だったことの裏返しでもある。それは、ボクシング興行そのものが彼らに支えられてきた面があったからにほかならない。

一般社会から見たら、理解できない面子争いのように思えなくもない。しかし、それが大きなトラブルに発展することを、木村は恐れた。コミッションをはじめボクシング界もそれを恐れているからこそ、暴力団と交渉できる木村を頼ったといえる。現実にトラブルに発展したかどうかは別として、コミッションだけでなく、試合の興行主だった「帝拳プロモーション」や会場の東京ドームにもそうした意識があったに違いない。

その東京ドームのこけら落としとなったヘビー級十二回戦は、五万一千人の大観衆を集めた。統一ヘビー級王者のマイク・タイソンが挑戦者であるＷＢＡ二位のトニー・タッブスを二ラウンド、二分五十四秒でＴＫＯしてあっさり退け、その強さを見せつけた。

もとよりチケットが売れ残る心配などはないため、暴力団の親分に販売を頼む必要はない。招待券は日ごろ世話になっているしるしのようなものだろう。

定価十万円のリングサイドのチケットは、プレミアがつき、三十万円にまで跳ね上がって売り買いされていたという。それで気をよくした東京ドームサイドは、二年後の九〇年二月、再びタイソンの防衛戦を企画した。そこでタイソンはＷＢＣヘビー級三位のジェームズ・ダグラスに十ラウンドでＫＯされる。前回より六百人多い五万一千六百人の観客を動員し、世界記録のイベントと持て囃された。が、リングサイドを十五万円に設定したことなどがたたり、興行そのものは事実上、赤字だったという。

タイソン戦ほどの人気イベントでもそうなのだから、ボクシング興行はやはり難しいというほかない。

山口組だらけのリングサイド

これも一般には馴染みが薄いだろうが、世界タイトル戦などの大イベントだと、ファイトマネーの入札制度があるという。木村が説明する。

「アメリカだとプロモーターという興行師がいて、札入れをするんだけれど、日本にはいない。各ボクシングジムがファイトマネーの入札をして、高いほうに興行権が落ちるんです。ジム同士でなかなかファイトマネーの折り合いがつかないと、WBAやWBCが乗り出し、入札しろ、となる。五十万ドル、六十万ドルと入札し、高いほうに落ちる。今はもうちょっと安いけど、以前の世界タイトル戦なら一億円くらいかな。世界タイトル戦の場合は、チャンピオン側の取り分がその七五％、挑戦者が二五％と、決まっているんです」

そのファイトマネーの支払いの原資となるのが、チケット売り上げやテレビ放映権料、広告主、その他のスポンサーにいたるまでの興行収入だ。収入の中心となるチケット販売が、興行の成否を左右するのは言うまでもないが、観客がどれだけ入るかは水ものである。

元来、ボクシングジムは中小・零細企業だから、さほどの資金力がない。そのため、大イベントの競合となると、札を入れるにあたり、あらかじめスポンサーを用意して臨む。新聞やテレビ局などの協賛者を募り、さらに大口でチケットを買ってくれるスポンサーを探すのである。チケットを一千万円単位で引き受けてくれる住吉会の大親分も大切なスポンサーであり、そんな大口の存在は滅多にないため、ありがたがるわけだ。木村がそのあたりの事情を説明する。

「入札の結果、興行主になれば、チケットの販売などを取り仕切る面倒もあるが、ファイトマネーを支払ったあとは、ジムの実入りになる。だから興行をやらなくちゃ面白くない」

ボクシングジムの経営者がプロモーターとして興行を主催するうまみについて、こう話した。

「だから闘うジム同士で競い合い、しょっちゅう入札をやっています。去年（二〇一〇年）でいえば、フライ級の坂田健史と亀田大毅の試合がそう。古い例でいえば、薬師寺保栄と辰吉丈一郎のWBC世界バンタム級タイトルマッチのときも入札でした。あのときは薬師寺側が入札で落としたんですが、たしか薬師寺のほうに、強力なスポンサーがいたんだと聞いています」

薬師寺と辰吉の試合はボクシングファンならずとも、記憶にあるのではないだろうか。左眼網膜剝離で世界戦をキャンセルした辰吉が、いったん王座から離れた。代わってチャンピオンになった地味な薬師寺に対し、人気絶頂だった辰吉が改めて挑発して実現した。九四（平成六）年十二月、日本人同士の因縁の対決と評判を呼んだ世紀のタイトルマッチだ。

このとき薬師寺の所属する名古屋の「松田ジム」と辰吉のいる大阪帝拳ジムで争われた入札の結果、薬師寺側が興行権を得た。注目の一戦だけにさすがに落札額は桁違い。なんと三億四千万円だった。これらは二人分のファイトマネーだが、辰吉もWBC世界バンタム級の暫定王者であり、ファイトマネーの配分は通常のチャンピオン対挑戦者の七五％対二五％ではない。ほぼ五分五分と見られた。松田ジムとしては、その三億四千万円のファイトマネーを選手に支払うため、強力なスポンサー筋に頼んだ。警察関係者のあいだでも話題になった世界タイトルマッチである。

「薬師寺は、六代目山口組組長である司がいた弘道会に近い。その弘道会の会長で山口組若頭、髙山清司の交友者リストにも載っています。一方、帝拳ジムの辰吉は、五代目山口組時代の若頭である宅見勝のお気に入りでした。試合が入札になったのは、名古屋と大阪、どちらで開催するか、それで揉めたんです。結局、薬師寺側のスポンサーが強かったということでしょうが、名古屋市総合体育館レインボーホール（現・日本ガイシホール）でおこなわれた。試合会場には、驚くほど山口組関係者が集まっていました」

こう明かすのは、元マル暴刑事の祝井十吾だ。リングサイドは山口組関係者で埋め尽くされていたという。

評判の世界タイトル戦だけあって、元日本プロボクシング協会会長の木村も試合会場に駆け付けた。いつものリングサイドに座ると、驚いたことに左隣には宅見本人が腰かけていたという。当時を思い起こしながら、木村が語った。

「興行にはいっさいタッチしていなかったので詳細はわかりませんが、さすがに隣が宅見さんでしたから、びっくりしました。たしかに弘道会の関係者もいましたけど、静岡からも直参組長が駆け付け、宅見さんの向こうに座っていました。私の席の列の端っこに輪島功一とファイティング原田がいてね。目をパチクリさせていました。名古屋の弘道会は薬師寺の応援。私や宅見さんはその反対のコーナーにいた。山口組同士でありながら、応援は別なんだ、と何か変な気分でしたね」

繰り返すまでもない。宅見勝は暴力団の世界に君臨した山口組の大幹部である。木村が懐かしそうに回想する。

「宅見さんとは妙な縁があってね。奥さんが肉屋（ステーキハウス）をやっていて、その肉と胡蝶蘭を住吉の堀総長のところへよく贈ってきていました。玄関に飾られている『贈　宅見勝』って書かれた胡蝶蘭をよく見かけましたよ。朝八時半に堀総長に呼ばれて自宅へ行くと、『会長、朝飯食っていきな。（若）頭が贈ってきたから』と言って宅見さんのところのステーキが出てくるんだ。それまで会ったこともなかったけど、試合で宅見さんの隣に座り、それを思い出して初対面の気がしなかったな」

試合結果は、宅見勝の応援した辰吉有利の下馬評を覆し、薬師寺が判定で勝利した。その辰吉の応援から三年足らず後の九七（平成九）年八月の白昼、宅見は神戸のホテルのロビーで暗殺されてしまう。

長年、互助関係にあったとはいえ、ボクシング界の重鎮が暴力団関係者と大っぴらに付き合うのはさすがにまずい。が、かといって、やましくもなかった、と木村は語る。

「むかし埼玉の越谷に堀政夫総長の兄弟分がいて、うちのジムにいた大熊正二なんかは背広をつくってもらったり、小遣いをもらったり、可愛がってもらっていた。その人が亡くなったとき、葬式に大熊を連れて行ったことがあります。何百人もいる告別式でしたけど、堀総長に挨拶すると、『来てくれたのか。だけど、「ＦＯＣＵＳ」に写真撮られるから、あっちへ行け』って気を遣ってくれました」

　その住吉会総長に助けられたこともある、とこんなエピソードまで明かす。

「（七六年二月の）輪島功一—柳済斗戦で観客のヤクザ同士が殴り合いの喧嘩になったことがあるんだ。誰も止められないし、会場は騒然となって手がつけられん。そこで堀総長が双方のあいだに割って入り、『あんた方は何やってるんですか』とひと言で騒動を収めたんです。そんなことまでありました」

　是非はともかく、日本ボクシング界のご意見番による正直な告白は、興行の世界と暴力団の交わりを如実に物語っている。芸能興行と同じく、一般からはなかなかうかがい知れない、いわば初めて明かされた興行の世界における負の歴史である。

第五章　ヤクザと銀行

バブル景気が霧消してから二十年、道頓堀川に沿ってきらめく大阪ミナミのネオン街を歩くと、やたら新しい飲み屋が目に留まる。毎月のように新たな店がオープンする一方、店じまいしてなくなってしまった馴染みのスナックも少なくない。家賃が高くてやっていられないという。ドアを開けると見たこともないママがいるので、面喰らってしまう。

そんな浮き沈みの激しい大阪のミナミで、島田紳助は今もテナントビルを経営している。そのビルの登記簿謄本を眺めながら、バブル当時、活躍した大銀行の〝汚れ役〟がつぶやいた。

「これ、ふつうの土地取引には見えませんな。何億円もする土地をほとんどキャッシュで買うたように見える。よほどカネがあり余ってるんなら別やけど、銀行融資の極度額が、五千万円いうんはね……」

怪訝《けげん》そうにこう疑問を口にするのは、旧三和銀行の幹部行員だった岡野義市である。三和銀行は銀行再編により現在、三菱東京UFJフィナンシャル・グループ入りしているが、岡野は一九六一（昭和三十六）年に三和銀行に入行後、一貫して大阪で行員生活を送ってきた。高卒ながら三和の南支店を皮切りに、大阪都心部の支店に勤務し、営業成績を買われて市内の泉ヶ丘支店長や系列ノンバンクの常務などを歴任してきた幹部行員である。

その岡野が銀行内で評価されてきた大きな理由は、通常の営業成績のほかにもう一つある。「同和のドン」と呼ばれた元部落解放同盟飛鳥支部長の小西邦彦の担当窓口という特異なポジションで、その辣腕を発揮したことだ。岡野は華やかな経済界の中枢にいながら〝汚れ役〟として、常に裏社会の住人と接点を持ってきた。銀行の暗部を熟知しているといえる。そんな岡野に島田紳助の所有するビルの不動産登記簿を分析してもらった。理由は、その道に精通しているからだ。

概して銀行は、不動産を担保に融資するケースが多い。地上げや土地転がしのケースに代表されるように、そうした不動産取引には、アングラ世界の人間がしばしば介在する。個々の取引で、裏社会と表の経済活動が交わる場面も少なくない。営業畑ひと筋に歩んできた岡野は、数え切れないほどそんな融資現場を踏んできた。暴力団が絡んだミナミやキタ新地の不動産取引に応じた融資を何度も経験している。

登記簿の中身は、島田紳助が大阪ミナミの繁華街のど真ん中に所有してきた三棟のテナントビルのそれだ。引退騒動以来、大阪屈指のネオン街であるミナミという一等地で優良物件を所有し営業できたのも、親しい山口組最高幹部の威光があったおかげではないか、と囁かれてきた。岡野にその紳助所有の不動産の登記簿を示し、状況を分析してもらった。

登記簿のなかで岡野が真っ先に話題にしたのは、ミナミの中心部にあたる東心斎橋一丁目のテナントビルだ。ここが島田紳助の不動産漁りの走りといえる。二〇〇〇(平成十二)年、紳助はこの一等地を買って五階建てのテナントビルを建築した。ここで紳助は「寿司　はせ川」を経営する傍ら、隣に建っていたビルまで買う。隣のビルで新たにオープンした「BAR　HASEGAWA」など、紳助が経営するそうした店に、山口組幹部らを招いていたことまで発覚した。ここで、みずからが交際を認めた極心連合会会長の橋本弘文だけでなく、山口組若頭であるナンバーツーの髙山清司まで写ったスリーショット写真が『FRIDAY』にスクープされたのは、前に書いたとおりだ。そのせいで、親密な交際を否定していた紳助の面目が丸つぶれになる。

それら二棟のビルのうち、岡野はミナミ進出の先駆けとなった土地の購入に注目し、不動産登記簿を手に取った。

「まず、土地を購入した平成十二（二〇〇〇）年、このとき（旧）東京三菱銀行が五千万円の根抵当権を設定しとる。その後、ここにビルを建て、平成十四（〇二）年に二億円の根抵当が付いている。この融資はビルの建築費用やろからさほど気にならへん。それらの銀行融資の担保は、七年後の平成十九（〇七）年に抹消されとる。ふつうに思えへんのは、土地を買ったときの借金や」

紳助が購入したのは三三七・五一平米（約百二坪）の大きな敷地だ。根抵当権とは融資の限度枠を設定した担保物権のことで、紳助がこの土地を担保に銀行から借り入れたのは最大で五千万円に過ぎない。

「そのカネは土地代金のごく一部やろな。あのあたりで百坪の土地が五千万なんてありえへんから、キャッシュの支払いはまた別や。平成十二年いうたら、少なくとも坪あたり四百万か五百万はする。百坪だと、相場は五億円ちょっと切るくらいです。よくあるパターンで、一応銀行借り入れで物件を購入した体裁を取り繕おうとしたのかもわからへんね」

島田紳助はみずからの不動産取引について、通常の取引だと強調してきた。だが、銀行借り入れは土地の相場価格の一割に過ぎない。それは手付金程度でしかないのである。問題は残りの四億五千万円をどうやって払ったか。多額のキャッシュを持っていてそれで払ったなら、ことは単純だが、岡野はそこに、何らかの資金操作なりカラクリが潜んでいるのではないか、と疑う。銀行業務にはそれほど裏社会の影がつきまとっているケースが多いのだという。ヤクザと銀行の赤裸々な関係——。そこについて、改めて元三和銀行の岡野義市が告白する。

〝汚れ役〟が語る脱税の手口

「もちろん紳助のケースではありませんけど、ミナミやキタ新地での土地取引には、キックバックや裏金がつきものでしたんや。『B勘（裏金勘定）』と言われるその裏金に絡んでくるんが、ヤクザや裏社会の人たちなんやね」

三和銀行の支店長だった岡野が、一般論と前置きして体験談を語る。

「一等地の土地取引では、売る側が有利なので、買い手を選べる売り手市場になる。その場合、買う側にとって肝心なんが、裏金をいくら用意できるかです。不動産ブローカーなんかの仲介者は、買う側が用意できる裏金の多さを競い、売り手へアピールし、説得の材料にします。売るほうの地主にしても、裏でカネをもらえば不動産の売却益にはならんから、その分の税金を払わんでええ。だから、喜ぶんです」

たとえば十五億円で買った土地が高騰して二十億円になり、そこで売ると通常なら五億円の売却益が出る。しかし売り主が二億円安く売り、その分を裏金として買い手から受け取るようにすれば、正規の取引上では売り主の利益が差し引き三億円にしかならない。だが、と岡野が説明を続ける。

「五年以下の短期売買にかかる土地売却益に対する譲渡課税は、三九％となっているので、課税をざっくり四割として三億円の利益で計算すると、税金が一億二千万円。税引き後は一億八千万の儲けです。けど、実際はそこに二億円の裏金が加わるので、三億八千万円の実入りいうことです。これが裏金抜きで、相場どおりの五億円の利益で売却すると、四割の税引き後の利益は三億円しか残らへん。実に八千万円の差が出るんです」

裏金を使った実際の取引では、買い手と売り手双方に得がなければならないから、値引きがある。表面上、十七億円で売却し、税引き前が二億円の利益で裏金二億円として計算すると、売り手が三億二千万円の実入り。正規の取引からすると、二千万円得をする計算だ。一方、買い手は裏金を含めても十九億円の支払いだから、相場より一億円も安く買え、万々歳と相なる。

不動産取引において、これらのアングラマネーを用意するのが、文字どおり裏社会の住人なのだという。ベテランバンカーの岡野によれば、次のような仕組みだ。

「玄人衆ではなかなかB勘なんか持てないし、使われへん。だから、ヤクザが買い手やそれを仲介するブローカーに、『俺の二億を使え』いう話になるんです。で、買い手が得した分をキックバックさせる。B勘はプロの世界ですけど、B勘を使えば、いろんな絵が描けるんです。売るほうも、儲けを税金で丸々持っていかれるよりええから、そこに目をつぶるわけです」

さらに岡野が続ける。

「ヤクザはたいていB勘持っているけど、表立って取引はできひん。それをどう使うかが、腕の見せ所です。だから、カネを渡し、指示どおり動くような信頼できる素人のパートナーが必要になるんです。それがえてして名義上の不動産の買い手となり、所有者として登場する。名義上の所有者がカラクリをばらさなんだら、それはわからへん。だからアングラマネーやマネーロンダリングを捻出する手口は、不動産絡みが多かったんです」

これらはむろん完全な脱税である。さすがに現役の銀行員時代の岡野は、こうした犯罪行為に手を染めたことはなかったそうだ。が、裏金を駆使する不動産取引は日常茶飯事であり、岡野は現役の銀行員時代からその取引を横目に見ながら、銀行を辞めたのち、そのノウハウを生かし、不動産ブローカーへの仲間入りをした。岡野の回想。

「（大阪府警）曾根崎警察署の隣、東梅田の入口にあった料亭『多幸梅』本店のビルもそうやった。多幸梅は、部落解放同盟飛鳥支部長の小西さんが贔屓《ひいき》にしていたところで、ビルの売却話が持ち上がった。表向き三十五億円の売値で、当初は裏のB勘で一億、最後に裏金は二億になりましたな」

ビルは紆余曲折を経て最終的には東京の金融業者が購入したのだが、〇九（平成二十一）年、取引にかかわった弁護士が脱税で逮捕されるオマケまでついた。

では、暴力団をはじめとする裏社会では、こうしたアングラマネーをどのように捻出し、管理しているのだろうか。それについて、岡野が体験談を明かす。

「銀行は建て前上、ヤクザが絡んどるような不動産物件を担保に融資することはできひん。ヤクザとわかれば、銀行はすぐに窓口で断ります。だから、迂回融資するんです。それが当たり前でした。旧三和でいえば、小西邦彦の名前を借りた転貸しです。小西さんは元ヤクザで、ヤクザの親密業者ではある。でも同和団体の支部長という看板があるから、銀行にとっては公人です。同和関係者に融資するのは国策でしたし、銀行としても小西さんへ貸すのは問題ないんです」

国策とは、六九（昭和四十四）年から〇二（平成十四）年まであった同和対策事業特別措置法をはじめとした被差別部落生活改善のための政策を指す。最終的に小西関連の融資のうち八十億円が焦げ付いたが、岡野がこう指摘する。

「旧大蔵省も、小西さんに何ぼ貸しても調査一つせえへん。それが国の金融政策やったからなんです。けど、八十億円のほとんどがヤクザへ流れていたんやから、結果的には国策でヤクザに金を貸していたようなもんですわ。晩年、銀行から返済を迫られた小西さんは言うてました。『岡野、おれ、いつ銀行から八十億も借金したんやろ。

こっちには来てへんで。全部、あいつら（暴力団関係者）が使うたんやないか』と」

岡野にとって、そんな転貸融資で最も印象に残っている取引のひとつが、ミナミの一等地を担保にした一件だ。

「（山口組系）生島（久次。本名・高佑炳）組長がミナミに二百坪の更地を持っていたんです。バブル当時やったから、坪あたり一千万円から二千万円。今は駐車場になっているところです。もう時効やから言うけど、生島さんが小西さんに相談し、小西さんから『担保価値は十分あるから何とかならんか』と私のところへ話が回ってきたんです。生島さんは（株の）仕手戦を仕掛けていたんで、大きな金が必要だった。もちろん銀行が融資する際は資金使途も条件になる。けど、まさか銀行の審査（部）に対して、仕手戦の軍資金とは言えない。それで、小西さんが運営していた老人ホームを融資先にした。その社会福祉法人に、新たな施設の建設計画があるという名目で、結局二十億円を貸したんです」

この場合も、借り手は生島組長ではなく、あくまで飛鳥会の小西邦彦であり、転貸融資だ。ただし、担保には問題が残った。

マネーロンダリングに使われる〝無記名口座〟

「生島組」は山口組系の三次団体ながら、組長の生島久次は、資金力が山口組全体でも屈指とされた経済ヤクザだ。四代目山口組組長の竹中正久時代、分裂した「一和会」との抗争資金を賄ったともいわれる。山一抗争と呼ばれた暴力団史上に残る内部抗争である。その渦中、生島が使っていた三和銀行の貸金庫から実弾入りの拳銃が発見され、行内が騒然となった。そんな暴力団関係者への融資にもかかわらず、なぜ当時、銀行内で問題にならなかったのか。

担保物件の所有者は、融資する銀行にとって審査のポイントである。むろん土地の所有名義は生島にはなっていないが、調査すれば真の所有者が誰かはすぐに判明する。やはり、暴力団関係者の物件を担保にした銀行融資だと、あとあと問題になる危険性が高い。そのため、こうしたケースでは、さらにノンバンクを一枚かました、と岡野はいう。

「担保になる不動産の登記簿謄本をあげ、所有法人の住所や関係先を調べたら、本当の持ち主がヤクザの組長だとわかる。だから融資先が社会福祉法人となっていても、本来なら生島さんの土地を担保にして銀行からは融資できません。そこで、頼んだのが、三和に近いノンバンクの『京セラファイナンス』でした。たまたま私の堂島支店時代の支店長が、そこへ重役として〝天下って〟いたんで、話しやすかったこともありましたけど……」

京セラファイナンスは、文字どおり京セラグループのノンバンクだったが、そこにはノウハウがないため、メインバンクからの天下りを迎え入れていた。事実上、銀行の指示どおりに動く。岡野が続ける。

「ノンバンクの融資審査では、担保提供者が誰かなんて問わへんし、三和銀行からの紹介という形でオブラートされる。しかも融資を頼むほうと実行するほうが三和の元部下と上司という関係やから、誰からも文句が出ないし、すんなり行くんです。ちょうど京セラファイナンスが設立されたときで、貸出先を探していたから都合もよかった。『どこかカネの貸し先ないか。何ぼでも行くぜ』という。系列のノンバンクなんて、そんなもんでした。審査が甘いなんてレベルではない。審査そのものがあらへん」

もとよりノンバンクには資金がないので、融資の原資は銀行が出す。これも典型的な迂回融資だ。いわば二重、三重の迂回融資である。八〇年代後半のバブル当時、ノンバンクを使ったこの手の迂回融資は、ごく当たり前でもあった。

「ややこしいところが売買の仲介や取引に関係するときは、登記簿には載せへんので、表向きにはわからへんのです。AからBが買うてCに転売するケースでBを省く。Bがややこしい連中のときは、中間省略いうて、以前はそれが認められていたんで、取引にタッチせえへん形にできたんです。梅田の多幸梅ビルのときもそうでしたけど、最初は関係者三人ぐらいで話していたんですが、買い手を斡旋するいうてブローカーがぎょうさん寄って来た。結局、十人ぐらいの不動産ブローカーが売買契約書に判子を突いて手数料をかすめ取っていったもんです」（岡野）

ブローカーたちの後ろに控えているのが、暴力団関係者だ。バブル崩壊後のときのように、そうして融資の多くがのちに不良債権化し、ときに銀行本体の経営まで脅かすこともあった。その後の公的資金の投入で何とか乗り切り、大銀行は統合・再編を繰り返しながら、今日にいたっているわけだ。

九二（平成四）年に施行された暴力団対策法の改正や最近の暴力団排除条例により、暴力団の銀行取引は年々厳しくなってきた。それは事実だ。では現在、銀行はヤクザとの関係を断ち切れているのか、といえば、必ずしもそうとは言い切れない、と岡野は言う。

「実は銀行にはまだまだ得体の知れないB勘が残っています。八〇年代後半まで、銀行は預金獲得競争のため、タンス預金として眠っていた資金を貯蓄に回すよう奨励していました。何でも銀行に預けなさい、その代わり、口座の名義は何でもよろしいという特別定期預金口座があった。われわれはそれを〝無記名口座〟と呼んでいました。その多くがB勘で、なかにはヤクザの裏金もあった。それがいまだに残っているんです」

　岡野が言葉を加える。

「たとえば女性が窓口に百万円と三文判の印鑑置いて『やっといて』と帰る。それで口座ができたんやから、実際はどこから出たカネかわからへん。無記名定期は、あんまり杜撰《ずさん》な口座管理ということから、バブルの頃、国税当局が口座の身元確認をするよう、指導がありました。それで、やって来た人の車のナンバーを控えて陸運局で身元を調べたり、いろいろやりました。でも、二割ぐらいは不明のままです」

　自民党副総裁だった金丸信が日本債券信用銀行の無記名割引債「ワリシン」を使っ

て蓄財に励んでいたのと似ているかもしれない。〝無記名口座〟には形の上で住所もあるが、本人確認のためそこに書類等を郵送しても、不在で戻ってくるケースが後を絶たない。そうしてB勘定口座はいまだに存在しているというのだ。

「最近、その〝無記名口座〟の売買が頻繁におこなわれているそうで、問題になっています。若いチンピラの暴力団員が振り込め詐欺にこれらの口座を使ったりしているようです」(岡野)

裏金を駆使した不動産取引や迂回融資、さらには正体不明の〝無記名口座〟……。ヤクザと銀行の縁はまだまだ切れていないのかもしれない。

同和と銀行

三和銀行から三菱東京UFJ銀行へとメガバンクの再編が進むなか、岡野義市は銀行の〝汚れ役〟をまっとうしてきた。最も濃密に付き合ったのが、小西邦彦である。

小西は元山口組系金田組組員という裏の顔と部落解放同盟飛鳥支部長という表の被差別部落解放運動家としての顔を持っていた。それをうまく使い分け、旧三和銀行をはじめとした経済界から政官界、芸能・スポーツ界にいたるまで、交友を深めてきたとされる。表の肩書としては、部落解放同盟飛鳥支部長であり、財団法人飛鳥会の理事長でもあった。

だが〇六（平成十八）年五月八日、小西本人がその飛鳥会を舞台にした業務上横領ならびに詐欺事件を引き起こし、大阪府警に逮捕される。それがいわゆる飛鳥会事件だ。これにより、同和団体と銀行、さらに裏社会とのつながりが浮かび上がったといえる。その事件捜査を、大阪府警捜査四課の祝井十吾たちが担っていた。暴力団担当の捜査四課はヤクザの影がちらつくところには、たいてい首を突っ込む。祝井にこのときの捜査の端緒や経緯について尋ねた。

「捜査を始めたきっかけは極道からの情報提供でした。最初は東淀川の開発を巡り、小西が動いているというんで調べ始めたんです。小西については、山口組四代目、五代目とのつながりが深いとされてきた上、大阪市を自由に操っとるいう情報が常にあった。『府会議員や国会議員なんかともいろいろありますよ』いう情報が極道から頻繁にもたらされていました。それが、ちょうど捜査四課の店卸しをしていた時期でした。商店のそれと同じように、警察でも在庫の情報をずらっと並べ、どう処理するか、どのターゲットを集中的にやらないといけないか、という協議を定期的にします。このときは食肉卸大手の『ハンナングループ』（現・ハンナンフーズグループ）の元会長・浅田満なんかの情報もあがってきていて、小西と浅田を捜査すると決まったんです」

政官界から行政、経済界に睨みを利かせてきた同和のドン、小西邦彦が起こした飛鳥会事件は、これを端緒に摘発された。逮捕容疑は、ＪＲ新大阪駅にある大阪市営駐車場の収益をごっそりネコババしてきたという横領だ。その捜査で捜査四課の祝井たちが解明しようとしたのが、暴力団の背後関係なのは言うまでもないが、同時に狙いをつけたのが銀行取引である。三菱東京ＵＦＪ銀行の支店長まで務めた岡野義市も事情聴取を受けた一人だ。

「銀行から小西さんへ融資している分の大半は暴力団がらみでした。融資の担保物件のなかにはもろに暴力団の事務所の土地や建物というケースも少なくない。けど、融資先は小西さんやから、銀行の審査なんかあらへん。見て見ぬふりしてたいうことですな」

そう告白する。飛鳥会事件では、大阪府警の捜査四課がそんな小西邦彦に対する銀行融資を徹底的に洗い出そうとした。小西を経由した山口組系の暴力団に対する迂回融資である。

もっとも先に書いたような、ノンバンクを駆使してばれないよう工作しているケースはむしろ少なく、案外、不動産を担保にした分かりやすい融資がほとんどだった。銀行が調べれば、すぐに担保提供者や実際の借主が判明するはずだ。だがその実、いざ捜査となると、銀行が協力しないことには、行き詰まってしまう。もともと銀行と小西とのあいだには暗黙の了解があり、調査はほとんどしていない。案の上、その壁が捜査を難航させた。そこで、関係者の話をもとに、当時の捜査対象となった不動産の登記簿を改めてたどってみた。そうして取引の状況を調べてみると、想像していた以上に、おかしな融資がぞろぞろ出てくるのである。

幽霊相手の転貸融資

たとえば大阪市生野区小路《しょうじ》の不動産を担保にした取引もその一つだ。一九九〇（平成二）年十二月二十五日、小西武彦がそこの土地を購入している。武彦は飛鳥会の小西邦彦の長男である。登記簿には、その敷地にある建物の所有者として、八六（昭和六十一）年三月十八日、新山基信が購入した旨が記載されている。新山の本名は玄泰雄、山口組の直系二次団体である「中野会系新山組」の初代組長だ。実はここが新山組の組事務所だった。そしてこの土地を担保に九五（平成七）年五月十二日、旧三和銀行淡路支店が小西に対し、二千七百万円の融資を実行している。

「組長の新山は飛鳥地区に住んでいて、小西とは旧知の仲でした。融資担保こそ長男名義の土地になっているけど、そこに組事務所を建てて実効支配していたのは新山組なんです。それで小西が頼まれ、銀行に口利きをした。新山組に対する典型的な迂回融資でしょう」

元大阪府警の祝井がそう指摘する。だが、融資のおかしさはそこだけではない。

「実は組長の新山は、組事務所を購入した翌八七（昭和六十二）年の十二月に病死しているのです。融資が実行されたのはその八年もあとのこと。そのときには、建物の所有者が存在していない。つまり、土地を実効支配している組の組長が死んでいるのに、その変更もせず、貸し付けがなされているのです。実態は組に対する迂回融資なので調査なんてしていないのでしょうけど、銀行貸し付けのあり方としては相当に問題があるというほかありません」

まるで幽霊を相手にした転貸、迂回融資である。こうした小西の転貸相手は、山口組系列の組長のほか大阪の博徒「酒梅組」などもある。なかでも目につくのが、生島組組長の生島久次に対する融資だ。岡野の話したミナミの駐車場に対する融資もその一つだが、ほかにバブル経済真っ盛りの八八（昭和六十三）年八月には、東大阪にある生島の妻名義の土地を担保に、小西が旧三和銀行に三十億円の融資限度額を設定させ、借り入れをしている。ここも融資を受けたのは、小西個人ではなく、「ともしび福祉会」という社会福祉法人である。むろん生島に対する転貸融資なのは繰り返すまでもない。

小西邦彦がその生涯で最も心血を注いだのが、社会福祉法人の運営だといわれてきた。飛鳥会同様、表の肩書として社会福祉法人の理事長職に就き、公式の場では「ともしび福祉法人理事長」として振る舞ってきた。

〈保育園、特別養護老人ホーム、デイサービス（老人・障害）、ホームヘルプサービス（訪問介護事業）、在宅介護支援センター、ケアプランセンター（居宅介護支援センター）、診療所（地域医療も）、グループホーム等の事業を展開しております〉

ホームページにそう記されている通り、地域の老人たちの世話をしてきた。銀行で〝汚れ役〟を担ってきた岡野にとっても印象深い施設だ。

「小西さんはなにより、ともしび福祉会で地元の年寄りたちを慰安旅行に連れて行くことを大事にしていました。国内の温泉が多かったけど、ハワイなんかにも連れて行っていた。年寄りたちといっしょに酒を飲み、決まって小西さん一人で日本酒二升をあけてしまう。小西さんがぶっ倒れて宴会がお開きになっていました」

だが、小西が大切なともしび福祉会を暴力団に対する転貸融資の道具として使ってきたのもまた事実である。小西のような裏社会と表経済界の交差点で力を発揮するような人物の周囲には、さまざまな人種が集まって来る。そこにはうまい儲け話が転がっているからである。

「キタ新地の一等地にあった世々儀《よよぎ》ビルという建物の所有者が亡くなり、相続人のいないケースがありました。本来、そのビルは国庫に入るはずなのに、そうはならへんかった。国税当局と一部の部落解放同盟との馴れ合いは有名でしたけど、支部長である小西さんはそれをうまく使い、また周囲もそのおこぼれに与ってきた。この件では大阪の有名なヤメ検弁護士が立ち回り、飛鳥会がビルを買い取った」（岡野）

登記簿上では、旧三和銀行淡路支店が飛鳥会に五億円の貸し付け限度枠を設定し、融資している。銀行の小西窓口だった岡野によれば、相場価格十億円のビルを四億八千万円で買いたたいた。それでも小西は税金をほとんど払っていないという。それらの税金や差額分は小西が独り占めしたわけでもない。

飛鳥会の小西邦彦が業務上横領容疑で大阪府警に逮捕されてから二ヵ月経った〇六年七月、三菱東京ＵＦＪ銀行は小西本人とともしび福祉会を相手取り、八十億円の貸金返還請求訴訟を起こした。それだけを見ると、事件後、暴力団がらみの不正融資に気付いたので、訴えたように思える。しかし、銀行がこうした融資の実態を知らずに取引してきたはずはない。

「これらの融資は明らかに暴力団事務所が担保なんです。不動産担保の融資審査なんか基本中の基本ですから、警察としても当然そんなん把握してますし、普通に知られてるというか、登記簿取れば誰でもわかる話です。だから、銀行が知らなかったなんて言い訳は通りません」

銀行の対応について、祝井十吾がその問題を突く。

「それで警察としても、淡路支店の行員や支店長を警察に呼んで、どういうわけでこんな融資をしたのか事情を聞きました。すると、詳しくは調べていないからわからへんという。銀行の支店のなかには部落解放同盟員もいるから、小西へ筒抜けになるので聞けへん言うんです。小西は銀行の支店で働くパートなんかの就職の面倒まで見ているから、それはあったかもわからへん。とても納得できるような話ではありませんが、そういう理由で知らんというのです」

つまり銀行側としては、問題融資なのは想像がつくが、それ以上詳しく調べられないので把握していないという。

経済事件を捜査する場合、銀行口座の資金の出入りによって、不正な資金の流れを摑む場合が多い。換言すると、それは銀行しか知り得ない部分であり、捜査が銀行頼みのケースも少なくない。だが、祝井たちは三菱東京ＵＦＪ銀行で小西の口座がある淡路支店ではろくな話が聞けなかったという。そもそもこうしたケースでは、いち支店長の判断でどこまで捜査協力するかも決められない。そこで大阪府警の飛鳥会事件捜査班は、三菱東京ＵＦＪ銀行の本部に詰め寄り、協力を仰いだ。しかし、それもはかばかしくなかったという。

事件化できたヒントとは

「銀行は、飛鳥会が運営していた地元の銭湯で月々十五万円あった売り上げを示す口座なんかは、どんどん資料を出してきよる。しかし、府警の財務専門官が、『もっと大きい資金の動きはないんですか』と銀行側に尋ねても、肝心のところは出さない。捜査幹部の会議でも、銭湯の小さなカネの流れを持ち出して『これのどこが問題なんだ』と、非難の声があがったほどでした。そうしたやりとりが続き、捜査本部の銀行に対する不信感が募ってきました。そんなんで一時は、小西の捜査自体がつぶれかけたんです。実際、あの口座が見つからへんかったら、事件にはできていないんやないやろか」

元大阪府警捜査四課の祝井十吾は、今になってそう苦笑いする。飛鳥会事件は、同和利権に切り込むという当時の国策捜査的な色合いも少なからずあっただろうが、大阪府警では長らく飛鳥会の小西邦彦と大阪市との癒着を内偵捜査してきた。そのなかで〇六年になり、ようやく三菱東京UFJ銀行による転貸、不正融資という接点を見出し、大がかりな事件捜査に乗り出した。そこから飛鳥会事件が急展開したといえる。とりわけ捜査の展望が開けたのは、小西の関連口座を発見したからだという。

大阪府警捜査四課の捜査班は府警本部組と銀行調査組に分かれた。銀行に対する直接の聞き取りは財務専門官が中心になって旧三和銀行の本部に陣取り、飛鳥会事件の捜査を進めた。そうして、少しずつ不可解な融資を摑んでいったという。だが、それはかなり綱渡りに近かった、と祝井が意外な告白をする。

「取引の実態をあらわすのが、カネの出し入れをしたときの出入金伝票です。そうした伝票類は、取引自体が随分前になるので支店になく、本部にまとめて保管されています。そのため捜査班では、財務専門官に頼んで銀行本部のコンプライアンス統括部に伝票類を提出させ、ヒアリングを始めました」

飛鳥会事件の捜査本部に詰めていた祝井が後日談を明かす。

「ところが、銀行の対応が非常に腹立たしい。たとえば『ここは黒誠会系結城組の組事務所が担保になってますよね』と聞くと、『いや、普通のご自宅じゃないんですか』などと白々しく答える。『玄関に結城組と看板があって、ビデオカメラまで備え付けているような家が普通のご自宅ですか』と尋ね直すと、『われわれは現場から聞いたことを伝えているだけですから、それは把握していません』なんて感じだったそうです。コンプライアンス統括部が、銀行の融資現場にいるわけではないでしょうけど、銀行がわれわれの要請に応じて調べ直していたのはたしかです。その報告資料で実情を把握できなければ、なんのために調査したのか、意味がない。必要あれば、『この物件どうなんだ』と融資部に聞けばいいだけの話ですから」

すでに捜査が進んでいるにもかかわらず、なぜそこまで隠す必要があるのだろうか。祝井たち捜査班はその隠蔽《いんぺい》体質にぶつかりながら、捜査を進める以外になかった。

「銀行側の常套句は、『相手が相手ですから職員に危険が及ぶかもしれません。だから、こちらもそこまで調査できない』です。ときに捜査班の財務専門官たちは、『銀行の資料そのものを出すわけにはいかない』とまで拒否されて頭に来ていました。銭湯みたいなどうでもいいような口座なんか、ハイハイって感じで出してくるけど、問題口座については出せないと言うんです」

そうして捜査が難航するなか、捜査班はようやく小西の横領につながる資金の流れを発見する。不正な資金の流れを示していたのが、「あすか会新大阪ガレージ」という名義の口座だった。

「当初三菱東京ＵＦＪ銀行に捜査協力を求め、照会してもらっても、事件に直結するような出入金伝票はなかなか出してくれませんでした。銀行が提出した飛鳥会関連口座のなかには、問題の『あすか会新大阪ガレージ』口座もなかったんです。しかし、銀行のなかにも話の分かる人がいて、『あとで返してくれるなら、こっそり持ってきます』と膨大な出入金伝票をまとめて持ってきてくれた。財務専門官が、裏から資料をもらってきた。それが大きかったんです」

飛鳥会事件は、新大阪ガレージという新大阪駅高架下にある大阪市営駐車場における収益の横領であり、まさしく当該口座は事件解明の鍵を握っていた。捜査の突破口が、その「あすか会新大阪ガレージ」口座だったのである。

捜査班が調べると、この「あすか会新大阪ガレージ」口座に、駐車場の管理運営を大阪市から委託されている財団法人「飛鳥会」から毎月五百万円の入金があった。いわば「あすか会新大阪ガレージ」は、大阪市から小西に収益を横流しするためのトンネル口座だ。膨大な伝票類を一枚一枚めくりながら、捜査本部が発見した入金は十六回分、合計八千万円の振り込み伝票だった。祝井たちはまずそのうちの三回分である千五百万円を端緒とし、飛鳥会理事長の小西に対する業務上横領容疑を固めていったという。

「運よくあの口座を見つけられたんは、裏から出してくれた伝票類のおかげです。飛鳥会にかかわる一枚一枚の出入金伝票ですから、もの凄い量でした。それを府警に持ち帰って手分けして分析すると、多額の資金の動きがあった。それが新大阪ガレージという駐車場でした」

祝井が捜査秘話を教えてくれた。

「普通で考えたら、飛鳥会は大阪市の土地を借り駐車場を経営していたのだから、地代やその他膨大な経費を支払わなければならない。ところが、二億の年間駐車場収益のうち二千万だけを形ばかりに大阪市へ費用として払っていただけ。それどころか、市の経費で電話なんかを好きなように使いまくっている。そうやって大阪市の土地を使って飛鳥会が年間にあげていた二億の収益がどう流れているか、と伝票をめくりながら追っていったんです。それでたどりついた先が、あのあすか会新大阪ガレージという口座でした。これで捜査の展望が一挙に開けた。このトンネル口座を一発目にし、他の業務上横領を次々と立件していきました。時効にかからない容疑の対象期間は二年ほどだったでしょうか。そのあいだで七百十四件、三億八千九百万円が、女房や息子名義を含め、小西周辺に転がり込んでいました」

捜査の幕引き

飛鳥会の小西に毎月五百万円の入金があった口座「あすか会新大阪ガレージ」は、あすか会という名称がついているので、怪しいのは一目瞭然だ。事実、そこから捜査員たちが銀行を問い詰めていったのだが、なぜ銀行側は「あすか会」という名義になっているにもかかわらず、関連口座として警察の照会に応じなかったのか。まるで意図的に隠してきたようにも受け取れるのだ。祝井の銀行不信はいまだ消えない。

「銀行側の言い訳は、小西のそれは漢字の『財団法人飛鳥会』だから平仮名の『あすか会』まで気付かなかったというもの。でも、銀行は常日ごろから一定名義の関連口座を把握する際、名寄せという作業をしているので、平仮名を見落とすなんてことは考えられません。当然把握していたはずなのに、出さなかっただけなのは明らかでしょう。つまり、具合が悪いから敢えて隠したのか、となる。事実、これがなければ事件にできなかったかもしれないわけです。銀行からは、摘発間際になって、『資料を提出します』という話がありましたけど、われわれは、今さらなんや、もうええわ、という感じでした。ただし、裏で取った資料は起訴した後の公判には出せませんので、簡単なものだけは受け取りましたが」

　大阪府警が飛鳥会事件を立件できたのは、ある種の僥倖《ぎょうこう》といえる。しかし、計算違いもあった。祝井にはまだまだ捜査に心残りがあるようだ。

「最終的に駐車場の収益は、その多くが小西本人や女房、長男の三人のところへ集約されていました。うち障害を持っていた長男が二年で二億円近いカネを消費していることになっていた。そんな大金を本当に使っているとは思えない。となると、カネの流れた先が大阪市の幹部のところとか、そういう可能性もある。そもそも大阪市が小西に駐車場の運営を委託するという便宜がないとここまで収益があがらない。それでわれわれは、（行政の）背任とか、収賄という線で動いていました。警察としては、長年、小西と癒着してきた大阪市の不正を暴きたかったんです。しかし、市の担当者がコロコロ替わっているのでその線の捜査はつぶれました」

　さらにこう無念の言葉を吐き出す。

「それともう一つは極道の絡みです。もともとその事件をやってたんは、われわれ四課と組織犯罪対策本部です。しかし、小西の後ろにいる極道が出てこないとおもしろくない。そこも銀行の捜査では摑めず、最終的には手を引かざるを得なくなった。最後は捜査を二課に任せました。それも銀行のせいかもわからへん」

むろん銀行員たちは、暴力団の危険にさらされたくはない。現実には事件で思わぬ火の粉をかぶることもある。捜査に非協力的だったかのように見えるのは、かかわりを持ちたくなかったということかもしれない。

半面、銀行には、大阪市と同じく、小西との長年の悪縁があった。むしろ捜査に非協力的だったのは、その腐れ縁を捜査によって暴かれるのを恐れたと見たほうが妥当ではないだろうか。大阪市と同様、小西との取引には銀行側にも背任の疑いがあった。

しかし、三菱東京ＵＦＪ銀行のなかで逮捕されたのは一人だけ、捜査は小西の口座へ五百万円を出金したときの伝票を書いた担当課長止まりだ。その容疑は業務上横領幇助《ほうじょ》で、のちに起訴猶予処分に終わっている。捜査の過程では、取り調べを受けた萩ノ茶屋支店の支店長が乗用車に排ガスを引き込んで自殺する悲劇まで起きた。それらが捜査に影響している面も否めない。

「逮捕した担当課長はいわばステップでした。横領とわかってやってるとは思ってなかったし、小西の口座に入れていた出金伝票の事務処理をしていただけでした。ただ、この課長がいろんなことを知っていて初めのころの捜査は大きく進展しました。あいつが悪い、こいつが悪い、と銀行の内情を供述するんで、『警察もそんな全員はパクられへんのや』と冗談を言うてたくらいです。で、いけると、前の支店長を取り調べ始めたのですが、途中で自殺してしまった」

祝井がそう悔やむ。

「自殺した支店長は事情聴取で、『淡路支店で三年頑張れば、出世が待ってると言われ、銀行のために粛々とやってきた』と供述していました。逮捕されるのは銀行じゃなくて個人ですから、観念して素直にしゃべっていました。そのなかで、それまでの銀行の態度がコロッと変わり、『お前は何をやらかしたんだ』と本部から追及されたそうです。たぶん本人は銀行を許せなかったんでしょう。取り調べが自殺の引き金を引いたとは思えません」

自殺した前支店長は、銀行の〝汚れ役〟にしてはあまりに神経が細すぎたのかもしれない。結果的に捜査はこれで幕を引いた。そこについて祝井はこう話す。

「警察としたら、駐車場問題だけで終わるつもりはないですから、もっと上の銀行の役員やらその辺も絶対絡んでると踏んでいました。とくにライトプランニング事件のときの頭取や、実弟が不動産取引に絡んだ元頭取とか、以前から小西と旧三和との接点は多かった。そこに切り込みたいというのがわれわれの狙いでした」

ライトプランニングについては、旧三和銀行時代の汚れ役として小西邦彦との折衝を担ってきた岡野義市の証言に基づき、拙著『同和と銀行』（講談社＋α文庫）に詳しく書いた。その一部を引用する。

「ライトプランニングは、もともと三和グループの東洋不動産関係の地上げをやっていた会社でした。それが、なにかの不始末をしでかして出入り禁止になったらしい。そこでプロジェクト開発室が、改めてここを引き取って面倒をみるようになったそうです」

岡野がライトプランニングと三和銀行との関係について解説する。

ライトプランニングの金主になっていたのが、松下電器産業グループのナショナルリースだった。ナショナルリースはその設立時から、三和のプロジェクト開発室が融資の斡旋などをしてきたところだ。簡単にいえば、三和銀行からナショナルリース、さらにライトプランニングへという資金の流れができていたという。むろんそれらのビジネスの仕切り役は三和の裏部隊、プロジェクト開発室であり、いわばナショナルリースやライトプランニングは、その下働きをしていたといえる。

「ライトプランニングは、とくにバブル最盛期に銀行のダミー的な役割を果たしていました。地上げや不動産仲介の分野で、大魔神のような働きをしていると好評でした。ライトプランニングの役員のなかには、元ヤクザもいると小西さんから聞いていたけど、そうかと思えば、元高検検事長の大物ヤメ検弁護士の娘なども雇っている。検察にパイプを持っているという評判もありました。とにかく得体の知れない会社でした」（岡野）

ライトプランニングは、小西邦彦のサウナ「あすか」を三和銀行が再開発する際に登場した地上げ業者だ。三和銀行の幹部行員たちにとって、不思議な存在だったと同時に、重宝した会社でもあった。とりわけ岡野のような汚れ役にとって、困ったとき頼りになる存在だった。

三菱東京ＵＦＪ銀行と小西邦彦との不可解な取引の解明は、大阪府警捜査四課の宿願だった。飛鳥会事件のときはその絶好機だったともいえる。が、元マル暴刑事の祝井十吾にとっては、思い出すたび酒がまずくなる苦い経験でしかない。

セコムの株取引

小西邦彦は、政官財問わず、知られざる幅広いネットワークを張り巡らせてきた。本人がその人脈を駆使して一儲けしようとしたというより、むしろ吸い寄せられるように、さまざまな有名人が集まってきたように感じる。そこには意外な人物もいる。財界でいえば、警備会社「セコム」取締役最高顧問の飯田亮も、その一人だ。一九六二（昭和三十七）年七月にセコムを設立して以来、二百社を超えるグループ企業の頂点に君臨してきた。岡野義市も二人の間柄をよく知っている。

「小西さんが飯田さんと知り合ったのは、三十年ほど前だと聞いています。私が淡路支店に赴任する十年ほど前の話だから、昭和五十（一九七五）年時分でしょう。飛鳥会館の裏手に生活協同組合があって、そこにセコムのシステムを導入したところ、泥棒が入ったらしいんです。当然、通報したのだが、そのとき警備員が駆けつけるのに十五分もかかった。それで、小西さんが、『新聞広告には〝五分で駆けつける〟ぬかしとるのに、こんなもん何の役にも立たへんやないか』と怒り出した。それを聞いた飯田さんが、すっ飛んできたそうなんです。まだベンチャー企業の社長だったころですから、それができたのかもしれませんが、大阪と東京の中間の名古屋あたりで二人が落ち合った。『岡野、飯田はヘリコプターに乗って謝罪にきたんやで。そこまでする男やで』と小西さんが誇らしげに言っていました」

以来、同い年の二人は意気投合し、互いの誕生日にプレゼントを交換するほどの間柄になった。飯田はセコムグループの北海道「ザ・ウィンザーホテル洞爺《とうや》」のオープンセレモニーにも小西を招待したほどだ。〇八年七月、ときの福田康夫首相がホスト役として開いた主要先進国首脳会議（サミット）の会場となり、話題になったリゾートホテルである。

実は飛鳥会事件の捜査を手掛けてきた大阪府警捜査四課の祝井十吾たちは、この二人の関係にも注目していた。

「捜査班では小西の人脈を調べるなかで、早くから飯田との関係には関心を持っていました。なかでも平成十五（二〇〇三）年、とつぜんセコム株が急騰した時期があった。そこに小西がもろに関与していました。小西はもともとセコム株を二万株ほど所有していたのですが、それが一挙に十万株も追加購入されていたのです」

祝井が株式の動向を説明する。小西がセコム株を買い始めたのは、〇三（平成十五）年四月四日のことだ。当時の株価で換算すると、元の二万株の購入代金は六千二百万円ほどになる。ここから株価が急上昇していく。

「株の購入代金を調達した先がセコムグループでした。飯田と小西の関係からすると、飯田が小西に『うちの株を買いなはれ、儲かりまっせ』と勧めた、と考えるのが妥当でしょう。実際、株価はここから急騰していきました。購入時に二千九百六十円だったセコム株は、半年後、一・五倍近くになっていました」

当時の株式チャートをのぞくと、この前後のセコム株は、異様な動きを見せている。前年の〇二年までセコムの株価は、たいてい六千円を超え、低くても五千円台という高値で推移していた。ところが〇二年八月、飯田が自社株の取得を発表したあたりから少しずつ下げはじめる。翌〇三年四月時点のセコム株は、三千円を割る羽目になっていた。小西が十万株を買い増ししたのはまさにその底値のときである。購入額にして三億円弱だ。セコム株はそこから反転し、九月の初めには四千四百円にまで跳ね上がった。十万株だから、三億円が四億四千万円になり、小西は半年間で一億四千万円以上を儲けた計算になる。そのあたりの動きについて、祝井に聞いた。

「小西自身はこの年の八月末、四万数千株と一万数千株の二回に分け、六万一千株近くを売り抜けています。もともと二万株を保有していたので、それぞれがどの時点の株価かは判別できませんが、かなりの儲けになったのは間違いありません」

もともとあった保有株を併せると、小西が所有していたのは十二万株だ。そのうち半分の六万株を売ったことになる。一株四千円とすれば、売却価格は二億四千万円だ。そこから十万株の購入資金である三億円の返済をしたのかもしれない。そのうえで手元には六万株を残していることになる。大きな資産形成だ。

ちなみに創業者である飯田亮のこの時期の持ち株は四百三十二万株だから、小西の資産どころの話ではない。金額に換算すると、百七十億円を優に超える。その分、株価の浮き沈みが大きく影響する。祝井が補足説明する。

「四課は財務専門ではないので、捜査は二課が担当していました。セコム側が二億円以上の資金を小西に融通し、株を買わせたのはなぜか。実はこの年の五月、平成十五年三月期の決算が発表されるんですけど、そこではセコムの過去最高である五百四十億円の利益を計上していました。もちろん小西が株を買った四月時点では、それがハッキリしています。つまりそれを小西に教えて買わせていたとすれば……。まあ仮定の話ですけど、インサイダー取引の疑いが濃厚になってくる。それで、二課もやる気を出していたと思います」

しかし、その捜査も不発に終わる。うまく情報を集められなかったのか、それとも容疑が晴れたのか。

飛鳥会の小西邦彦は警察にも人脈があり、顔が利く。またその小西に通じる大阪府警の刑事が、セコムに天下っているケースもあった。それも気にはなるが、捜査が不発に終わった理由は、数々の捜査現場を踏んできた祝井も見極められないという。

第六章　梁山泊事件

　東京湾沿いの浜離宮を眼下に望む四十七階建ての東京ツインパークスは、ＪＲ新橋駅の東側に再開発された汐留地域にそびえ立つ。首都高速の脇にライトウイング、レフトウイングという東西ふたつの超高層マンションが並んで建っている。そのマンションのエントランスに一歩足を踏み入れると、近くの新橋や銀座など都会の喧騒から逃れ、まるで南国のリゾートホテルのような異空間が広がっていた。

　パチンコ情報会社「梁山泊グループ」の元代表、豊臣春國はその東京ツインパークスの一室に住んでいた。総戸数一千戸。小さい四〇平米の１Ｋから二十八階にある二〇六・二六平米の３ＬＤＫタイプまで、部屋のタイプはさまざまだ。二〇〇平米を超える大きな部屋になると、価格は二億四千八百万円もする。豊臣の部屋は間違いなく、この億ションだろう。高層階の贅沢な部屋だ。

　玄関を入って右折し、長い廊下を抜けて三十畳近いリビングルームに通された。大きな窓から東京湾の景色が一望できる。部屋の奥で豊臣本人が待っていた。私が豊臣にインタビューしたのは、大阪地裁の一審判決が出てからおよそ一年後のことだった。

「被告人を懲役六月に処し、被告会社二社に罰金計七千三百万円を科す」

二〇一一（平成二十三）年三月二十三日、大阪地方裁判所の裁判長、難波宏が被告人に一審判決を言い渡した。この被告人が梁山泊グループ代表だった豊臣春國である。すでに還暦を過ぎているが、まだまだ枯れてはいない。

この日判決の下った梁山泊事件は、時の首相、小泉純一郎による規制緩和政策の真っ只中に起きた。事件はＩＴ革命の到来が叫ばれ、証券市場のマネーゲーム華やかなりしころに遡る。

一九九九（平成十一）年から二〇〇〇（平成十二）年にかけ、東証マザーズや大証ヘラクレスなど、ベンチャー企業向けの新興市場が開設された。パチンコ攻略本といういわば古くからあるギャンブル本の販売で荒稼ぎした梁山泊の豊臣は、時流のマネーゲームに参戦した。〇四（平成十六）年のネット通販会社「アイ・シー・エフ」や情報通信会社「ビーマップ」など、新興企業への投資や買収を次々と手掛けていく。

その投資の目的は株価操作だ。いきおいそれが捜査当局の目にとまり、刑事事件に発展していった。事件を摘発したのが、大阪府警捜査四課である。元ベテランマル暴刑事の祝井十吾も、その捜査現場にいた一人である。

〇七（平成十九）年三月七日、大阪府警はグループオーナーの豊臣や証券取引の指南役である投資顧問の川上八巳《やつみ》など、七人を逮捕した。概してIT業界やそれを利用したマネーゲームの仕掛け人たちの多くは若いが、豊臣のパートナーである川上もこのときまだ四十五歳だった。容疑はヘラクレス上場のビーマップ株における相場操縦である。

そして、ここからさらに大阪府警の捜査は続いた。翌〇八（平成二十）年二月には、マザーズ上場のIT企業「アイ・シー・エフ」の偽計取引容疑で豊臣らを摘発する。おまけに府警の捜査を受け、一〇（平成二十二）年一月には、大阪地検特捜部が乗り出し、脱税容疑で梁山泊グループ幹部の三人を新たに逮捕した。脱税事件は捜査当局が連動した結果の最終形態といえた。

先に書いた一審判決は、地検による脱税事件のそれである。これにより大阪地裁は、〇四年と〇五（平成十七）年の二年間分の九億四千万円の所得隠しと二億八千万円の税逃れを認定する。その巨額の所得がどこに消えたのか。一連の捜査はその解明を目指したものだ。

梁山泊事件で大阪府警は、七百人の捜査員を投入してきた。梁山泊グループの儲けの一部が暴力団に流れていると睨んだ大掛かりな捜査だ。府警が総力をあげて資金ルートの洗い出しに力を入れた、と大々的に報じられてきた梁山泊グループの不透明な資金の流れは、報道されてきた以上に根が深く、それだけに豊臣を取り巻く人脈は複雑に入り組んでいる。

事件の登場人物もまた多岐にわたった。有名タレントやベンチャー起業家、暴力団幹部の名前が次々と浮上する一方、刑事事件でこれまでまったく無名だった得体の知れない関係者も数多く登場する。それだけに、いったいどんな事件だったのか、その全体像やイメージが伝わってこなかった。何より主犯の豊臣自身、経歴や交友関係に不明な点が多く、簡単な前科や「元暴力団幹部」という肩書で報じられてきただけだ。これほどの人間関係がどこでどうつながったのか。梁山泊事件はまさにミステリアスな人脈を見せつけ、幕を閉じたといえる。むろん大阪府警の祝井たちはそんな豊臣の身辺を徹底的に洗っている。改めて捜査を振り返ってもらった。

「もともと豊臣は在日韓国人の裕福な土建屋の息子として育っています。近畿大学を中退して一時期はその家業を継いだけど、うまくいかんかったらしい。お姉さんの旦那が（山口組直系二次団体の）大野一家の組長やったからでしょう、この世界に足を踏み入れたのは。競馬のノミ行為の前科が報じられているけど、シャブ（覚醒剤不法所持）でも逮捕されて長いこと服役している。もとは暴力団の構成員です。そこから山口組を破門された。山口組は覚醒剤を扱っていないことになっていますから、シャブで逮捕されたら破門するほかない。それで、豊臣も堅気になり、梁山泊を始めたんです」

祝井の説明によれば、こうだ。

「以来、豊臣は山口組系だけやのうて幅広くヤクザと付き合うています。商売上、一つの組織や団体との関係を深めるより、幅広く付き合ったほうが、われわれにマークされにくいし、実態を掴みづらい。便利だからでしょうね。印象的には、自分が商売するときに頼りになるヤクザは誰でも使う。会津小鉄であろうが山口であろうが、プラスになるなら誰とでも付き合うという感じです」

梁山泊グループを率いてきた豊臣春國は、あくまで暴力団組織から離れている実業家だ。それだけに多くの交友関係を結びやすいのかもしれない。祝井が続ける。

「最近の付き合いのなかで豊臣のいちばん大事にしてきた相手が、弘道会でしょうね。もとは豊臣自身が制作に携わったVシネマで可愛がっていた俳優が、弘道会の高山清司（山口組若頭）と親しかった。そこから付き合いが深まったと見ています。豊臣はその俳優を使い、『ファミリー』っていう自伝ビデオをVシネマで作ったりしていました。競馬の予想屋から成りあがった半生を描いています。そんな芸能界との付き合いもけっこうやっていました」

事件当時、梁山泊の豊臣は、大阪随一の繁華街であるキタ新地に購入したクラブをオープンするほど、羽振りがよかった。

「豊臣は、みずからがオープンしたそのキタ新地のクラブに弘道会の高山を招待してます。料金はどちらが払ったかわかりませんが、随分積極的に高山へ接近していたのはたしかです。なにしろ梁山泊の使途不明金は、ひと月に一億ペースで使われていましたからね。すべて現金で、いったん豊臣に全部渡ったかっこうになっている。そこからどこに持っていっているのか、それを捜査していったわけです」

それらの資金力を使って山口組ナンバーツーに近づいたのか、それとも向こうから接近してきたのかは定かでない。だが、そうした交友関係の一端が事件の捜査でひょっこり顔を出すこともある。祝井たちはそこを見逃さない。祝井は、梁山泊グループの資金操作におけるキーマンを川上八巳と睨んだ。過去、メジャーな刑事事件に登場したわけではない。一般には無名の人物だ。

島田紳助の株取引

祝井が、梁山泊の捜査に着手したときの感想を述懐した。

「パチンコの攻略情報は、たぶん一般に考えられている以上に儲かるビジネスでしょう。『裏技』とか『攻略ワザ』とか、情報誌ごとにタイトルを変え、何誌も出す。梁山泊はどれを出しても大当たりした。そのうえ、競馬の予想なんかもやっとる。ギャンブル好きは、どんな情報でも欲しがるから、何をやっても当たる感じでした」

近年、大阪府警や警視庁など、全国の主要警察の暴力団捜査には財務専門官が配置されてきた。事件に関係する会社の経理状況を調べるプロたちだ。祝井はむしろマル暴ひと筋の捜査刑事だが、近年の捜査にそうした財務専門官は欠かせないという。むろん株価操作を繰り返していた梁山泊事件でも、多くの財務専門官が捜査に加わっている。

「経理の捜査官によれば、いらんことせんかったら、梁山泊の経営は悠々自適のはずやったといいます。豊臣らがその儲け分を片っぱしから使っていた。なぜ、あっこまでカネ遣いが荒なっていたのか、それが不自然でした」

祝井が捜査の内幕を明かす。

「豊臣個人が使った一人分の使途不明金だけで、年間十億をくだらんかったというから驚きです。それを代表の経費勘定として会社が出金していた。使途不明金はわれわれが調べた三年間だけで、五十億円に膨らんでいました。その裏金を投資顧問の川上の指南でいったんスイスのプライベートバンクに送り、そこから香港を経由させて豊臣の個人の口座に戻す。そんな資金操作を繰り返していました。ある年は、十億の不明金のうちスイスへ送ったのが七億円。香港を回って五億五千万円が豊臣の個人の口座に戻ってきていた。それらはむろん税務署に申告しておらず、きれいな脱税です」

梁山泊によるビーマップ株の株価操作は、大阪府警と証券取引等監視委員会による初の合同捜査として話題になった。ＩＴ企業や証券市場と裏社会の関係解明が期待された事件だ。そこへ法外な個人の使途不明金解明という両面捜査が加わり、祝井たちが奔走してきたのである。事件の背景には、複雑な人間模様が垣間見え、立場の異なる多くの人間の思惑が錯綜していた。

豊臣周辺で明るみに出たのは、暴力団関係者との付き合いばかりではない。芸能人の株取引も話題になった。祝井が付け加える。

「たとえば彼らが株価を吊り上げようとしたビーマップ株の所有者に、ハセガワキミヒコ（長谷川公彦）という名前がある。はて、誰かと思えば、島田紳助の本名でした。調べると、株購入を紳助に勧めたのは、栄義則《さかえ》という広告代理店の社長でした。二人はキタ新地の飲み仲間だった。そんな間柄から、紳助が株取引を持ちかけられたのでしょう」

梁山泊事件では、経済犯罪において無名だった人物がデビューし、「いったい何者なのか」と世間を賑わせてきた。栄義則もその一人だろう。歯科技工士から佐川急便のトラック運転手、イベント企画会社勤めなど転々と職を変え、独立した変わり種だ。設立したイベント企画会社が梁山泊グループの広告部門を担うようになり、瞬く間に裕福になった。豊臣の側近の一人である。

ビーマップの株価操作事件では、豊臣の側近たちが株の売買注文を同時に出し合い、一般投資家を巻き込んで株価を吊り上げた。捜査当局のいう「馴れ合い取引」である。榮もその馴れ合い取引のメンバーとして、大阪府警に逮捕された一人だ。だが、元マル暴刑事の祝井十吾は、その捜査に悔いを残しているという。

「榮も犯行に加わっていたのは事実です。しかし素直に罪を認めている上、犯行回数が少なかったので、最終的に起訴猶予で釈放せざるをえなかった。彼からもう少し事件が広がるかと期待したのですが、こと暴力団とのつながりという点ではあまりなかった。その分、芸能・スポーツ界の連中に株を勧めるなど、派手な交友はありました。とくに紳助とは昵懇のようでしたけど、そこも不問に付されています」

歯科技工士やトラック運転手からスタートした榮は、いつしか中央競馬会の馬主にもなる。よほどのお笑いファンだったと見える。持ち馬に「ステキシンスケクン」と名付け、話題になった。

芸能・スポーツ界における榮の知人、友人は枚挙にいとまがない。株取引では、プロゴルファーの丸山茂樹なども、ビーマップ株を所有してきた。さらに占い師の細木数子や朝青龍、貴乃花といった有名人が、東京の銀座や大阪のキタ新地、京都の祇園などで榮と豪遊する姿を目撃されている。だが、そこに刑事捜査は及ばなかった。

主犯の豊臣をはじめ梁山泊グループの面々は、ギャンブル情報誌の儲けに飽かせてマネーゲームに狂った。最初に味を占めたのが、〇四年のアイ・シー・エフの株価操作事件だ。この年の一月、梁山泊グループが買収するやいなや、アイ・シー・エフの株価は倍々ゲームで急上昇する。二十億円に過ぎなかった同社株の時価総額は、瞬く間に五百億円に膨らんだ。

ホリエモンこと堀江貴文の「ライブドア」や、通商産業省（現・経済産業省）のキャリア官僚だった村上世彰《よしあき》率いる「村上ファンド」が起こした事件を彷彿とさせるようなマネーゲームといえる。梁山泊を中心に展開されたマネーゲームには芸能人だけでなく、本家本元のＩＴ業者やファンドマネージャーも続々と顔を出す。一方、まさにそのライブドアや村上ファンドとの奇妙なかかわりも浮上した。

ベンチャー起業家と裏社会の交差点

概して新興のＩＴ業者や起業家と呼ばれるベンチャー企業の経営者たち、その資金づくりを担うファンドマネージャーには、どこか危うさを覚える。突如、株式市場やファンドの世界で大金を手にして、世間を驚かせるが、その実、何をやっているのかよくわからない。たとえば今でこそ、「ソフトバンク」の孫正義は誰もが認める情報関連会社のオーナー経営者だが、スタートは、その社名の示す通り単なるコンピューターソフトの卸売業者だ。ソフトを開発するわけでもなく、できた商品を量販店に卸したり、企業に販売してきた。そこから企業買収を繰り返し、あるいは株式上場などで会社を大きくしてきた結果が、いまのソフトバンクグループなのだが、もとの会社の実態はあまり知られていない。

そうしたベンチャー起業家たちは、しばしば濡れ手で粟のような莫大な資産をつかむ。ソフトバンクの孫正義と同列に並べることはできないが、ベンチャー起業家のなかにはその過程で刑事事件の容疑者や被告人となり、世間の耳目を集める者も少なくない。彼らは不思議な人的ネットワークを形成し、事件でその一端が浮き彫りになる。

梁山泊事件でも、そうした人間関係が入り乱れ、意外な人物が登場する。代表の豊臣が株価操作の仕込み銘柄として使ったアイ・シー・エフは、一般にほとんど知られていない会社だ。それが、早くからベンチャー起業家たちの投資対象に組み込まれていた。もとはといえばアイ・シー・エフの株価操作は、創業者の井筒大輔があの村上ファンドの村上世彰に持ち込んだ経営相談からスタートしている。

「アイ・シー・エフは、虚業に近かった。IT企業といっても名ばかりで、ホームページの作成など、誰でもできる事業しかやってない。だから案の定、創業者の井筒大輔は株式を上場したものの、業績が落ち込む一方でした。それで、会社を手放したい、と相談した相手が、村上ファンドの村上世彰だったのです。この会社が株価操作の仕込み銘柄となった理由は、会社の売買だけで利益を生む中身のないところだったからでしょう」

梁山泊グループがアイ・シー・エフに目を付け、買収した経緯を、祝井が説明する。

「村上はまず、自動車板金業で当てたカーコンビニ倶楽部の『翼システム』社長、道川研一を井筒に紹介した。道川も投資の世界では知る人ぞ知る有名人です。九九年に脱税の罪に問われ、このときは刑事被告人の身だった。被告人では上場企業の代表になれないので、アイ・シー・エフを翼システムが直接買うことができず、道川経由で転売されることになった。そして最終的なアイ・シー・エフの受け皿として名乗りを上げたのが、梁山泊グループ企業の『ビタミン愛』だったのです。村上自身の役割は道川の仲介まででした。それでも一億円ぐらいの手数料を抜いてるはずです」

つまり、アイ・シー・エフの井筒から村上ファンドの村上へ会社の身売り話が持ち込まれ、それが村上の知り合いであるカーコンビニ倶楽部の道川、さらに梁山泊の豊臣へとつながっていったわけだ。世間から見れば、いずれも成り上がりのベンチャー起業家ばかりに見えるが、豊臣だけはやや異質かもしれない。ベンチャー起業家グループとアンダーグラウンドの世界との交わりのなかに存在する経営者である。

ライブドアや村上ファンドはじめ、昨今のＩＴベンチャー企業やファンドが舞台となった事件では、その背後に裏社会の影が見え隠れしてきた。ライブドア事件の渦中に起きた「エイチ・エス証券」幹部の怪死事件などはその典型例だろう。行方不明になった幹部が、沖縄のカプセルホテルで死体となって発見された事件では、暴力団関係者の存在が囁かれたが、真相は藪の中だ。ベンチャー企業と暴力団のどこに接点があるのか、それはいまだ不明だが、株式市場とアングラの世界は、豊臣のような人物が媒介役となり、相互に交流があるのかもしれない。

投資指南役は京大ゼミ研究員

アイ・シー・エフの売却話を持ち込まれた梁山泊の豊臣らは、その株でひと儲けしようと企む。そこで大きな役割を担ったのが、豊臣に証券取引の道案内をした投資顧問の川上八巳だ。川上もまた、豊臣同様、謎の多い経歴の持ち主である。元マル暴刑事の祝井十吾が改めてその正体に触れる。

「川上は四国の生まれと報じられてきたけど、実は京都の出身です。暴走族あがりでトラックの運転手を経て、京都の同和団体『崇仁《すうじん》協議会』の事務局長になる。川上の最初の女房が、崇仁の委員長だった藤井鐵雄の親族だったので、それなりに重用されたようです。しかし、藤井の家が山口組系中野会から襲撃された折、関係者が目の前で撃たれ、本人はショックを受けたらしい。身の危険を感じて崇仁をやめ、東京へ出てきたと聞いています。そこからある大手証券会社のファンドマネージャーに師事し、証券取引のやり方を学んだようです。川上の得意とするのは、香港の証券会社を使った株の売買でした」

かなり波乱万丈の人生だ。ここに登場する藤井とは、かつてサラ金業者の「武富士」から京都駅前の同和地域の地上げを任され、山口組と対立した人物として知られる。中野会と争っている渦中、藤井本人が覚醒剤の不法所持容疑で京都府警に逮捕され、崇仁協議会から離れた。そうした物騒な出来事を間近に見ていた川上八巳が、京都を離れたのは無理もない話だったかもしれない。ただし、そこから一足飛びに投資コンサルタントへ転身できたというのも、出来過ぎた話に聞こえる。

梁山泊グループの仕掛けたアイ・シー・エフ株の相場操縦において、投資指南役として川上八巳が頭角を現すのには、それなりの理由がある。川上にとって頼りになったのが、あのライブドアの草創期に取締役だった榎本大輔である。

榎本は、みずから起業したソフト販売会社株と堀江貴文の率いるライブドア株を交換し、ライブドアの重役に就任した、ホリエモンの事業パートナーであり、ライブドアの生みの親ともいわれる。〇六（平成十八）年、米国の民間宇宙旅行会社に二十三億円を支払い、ロシアの宇宙船「ソユーズ」に搭乗すると記者会見して話題を呼んだ。元大阪府警の祝井がその榎本と川上との関係について補足説明する。

「梁山泊グループがアイ・シー・エフの株価を吊り上げようとしたとき、一役買ったのが榎本でした。株価操作の資金として、パチンコ情報誌の儲けだけでは足りんかったんでしょう。豊臣は金主を探していた。そこで知り合ったのが川上であり、榎本やったんです。豊臣は川上から榎本に引き合わされ、すぐに資金繰りの相談をする。まず榎本から十億円の借金をしています」

こうしてアイ・シー・エフのオーナーである豊臣が、川上や榎本の力を借り、株取引にのめり込んでいく。その榎本も豊臣たちに相乗りし、ライブドアで稼いだ儲けをアイ・シー・エフにつぎ込んだ。二人は互いに協力し合い、株価を吊り上げていった。たとえば祝井たちの調べによると、榎本は〇四年八月、東京の新生銀行から十四億三千万円を引き出し、その大半をアイ・シー・エフ株の購入代金として使っている。これは榎本自身が、豊臣からアイ・シー・エフ株を購入した代金だった。

「新生銀行から引き出された十四億三千万円のうち、十二億円ほどが株の代金に当てられたようです。梁山泊の連中が東京まで現金を取りにやって来て、大阪に運んだことを確認しています」

さすがに祝井たちの捜査は念が入っている。こう明かす。

「十二億円ともなれば、百キロ以上はある。それを何個かの鞄に分けて詰め、トラックで運んだらしい。運び役は梁山泊グループの二人。トラックには山口組大野一家の現役幹部たちも同乗していました。落ちたら大変なので、鞄の取っ手同士を鉄のチェーンでつなぎ止めたといいます。そうすれば、鞄がバラバラにならないし、万が一、誰かが盗もうとしても、重くて運べないからだそうです。すごいことしますよね」

祝井たち大阪府警の関係者は、梁山泊事件において、ライブドアの榎本大輔がいなければ、アイ・シー・エフの株価操作もうまくいかなかったと見る。その意味では、事件において梁山泊の豊臣春國に榎本を紹介した川上八巳の役割もまた大きいといえる。川上は、そのユニークな肩書が捜査員のあいだで評判になった。

京都大学大学院工学研究科教授高松伸ゼミ研究員——。川上はそう名乗っていた。高松伸は日本建築家協会新人賞やヴェネツィア・ビエンナーレ入賞、日本建築学会賞作品賞などに輝いた建築家として知られる。その著名なゼミの研究員だという川上の肩書はあながち嘘ではなかったから、マル暴刑事の祝井たちは、さらに驚いた。

「投資の関係者に京大研究員と書いた名刺を配っていたので、その情報を掴んだんです。『暴走族あがりの川上が、なんで京大やねん』と四課の捜査員のあいだで盛り上がりました。しかし調べると、出鱈目でもない。たぶん川上は研究員としてゼミにも顔を出していたのでしょう」

祝井たちが驚かされる次のような出来事もあったという。

「川上は恩師である高松伸を意識し、わざわざ『シンインターナショナル』という投資会社まで設立していました。しかも高松伸が会社の設立発起人になり、高松事務所の幹部が役員になっていた。それで彼らの行動を追及していったら、時計の一件が出てきたのです。川上はゼミの研究員になると決まったその日、高松を料亭に招いて百三十万円もする（高級時計の）ブレゲを渡していたんです」

梁山泊事件では、高松も捜査対象になった。が、結果的に咎めなしに終わる。家宅捜索もされていないが、祝井はこう後日談を披露する。

「川上と高松の関係についてたまたま調べていたのが、山口組五代目組長の渡辺芳則の肝臓移植に近い時期でした。渡辺は弟の肝臓を使い、最初は京都府内の別の病院で手術したのやけど、最終的に京大の大学病院に入院した。ちょうどタイミングが同じだったから、川上のときも『また京大かいな』と余計に力が入ったんやけどね。川上八巳には、京大への寄付話まで持ちあがっていました。桂キャンパス（西京《にしきょう》区）の図書館建設費用として、アイ・シー・エフの創業者である井筒名で二十七億円を寄付したい、と京大側に持ちかけていたんです。実際、大学はそれをアテにし、図書館建設に乗り出した。その図書館の設計者が高松伸でした。そして設計料として、高松伸建築設計事務所へ二億七千万円も振り込まれていたんです。結局、寄付は実現せず、図書館は建たなかった。その設計料はどうなったんでしょうかね。捜査は手じまいになったので、それ以上は追及していませんが」

まさに奇怪、まるで詐欺のような話だが、これも不問に付されている。

島田紳助をはじめ、梁山泊事件で名前のあがった著名人たちに取材を申し込んだ。だが、いずれも逃げ腰で、まともに答えようとはしなかった。

「捜査も終結し、公判の中で島田紳助の名前が出ているわけではないので、お答えすることはございません」と吉本興業広報担当者はここでも紳助をかばう。同じく株取引で名前が浮かんだ丸山茂樹のプロダクションも取材を拒否した。梁山泊事件に、島田紳助が登場するのはなぜか。それは豊臣の側近と飲み友達だったという単純な理由だけだろうか。ここまで深みにはまったのは、単なる偶然ではないようにも思える。

黒いスリーショット写真の意味

「芸能界はこの程度で辞めなければならないんです。手紙があるとか、写真があるとか……、そんなことは一切ないですから」

山口組との黒い交際について、そう捨て台詞を残して芸能界を引退した紳助だったが、のちに写真週刊誌『FRIDAY』が当事者とのスナップ写真をすっぱ抜いて赤恥をかかされた。紳助の経営する大阪ミナミの料理屋で撮られたと思われるその写真では、紳助の両隣で、山口組若頭の髙山清司と極心連合会会長の橋本弘文が鋭い視線をカメラに向けている。三人とも今よりずっと若い。少なくとも十年以上は前の写真だろう。つまりそのころから紳助は山口組幹部と交際をしていたことになる。〇四年から株価操作に乗り出し、〇七年に摘発された梁山泊事件より、ずっと前のことに違いない。

島田紳助の黒い交際における最大のキーマンは誰か。大阪府警は紳助に対し、「極心連合会相談役の渡辺二郎の交友者」と認定している。山口組との交友の原点が、元WBAスーパーフライ級チャンピオンの渡辺なのは間違いない。紳助は高校時代にジムに通っていたほどボクシング好きで、大ファンだったことから、渡辺を兄のように慕うようになったとされる。大阪府警の元マル暴刑事、祝井十吾はそうしたボクシングと裏社会との交わりについて次のような見方をする。

「全国レベルで見ると、ボクシング興行は関東の（指定暴力団）住吉会が面倒を見てきたけど、関西のジムは山口組を避けて通れへん。その山口組でとくに格闘技好きで知られたのが山健（組）です。極心の橋本もボクシングファンですが、元は山健の若頭やった。山健では、若い組員を空手やボクシングジムに通わせ、親衛隊のような組織を作っていました」

山健組は五代目山口組組長、渡辺芳則の出身の直系二次団体であり、組員の数で弘道会を上回ってきたほどの大組織だが、山口組とボクシングのつながりはそれだけではない。

第四章で書いたとおり、ボクシングといえば、一一年八月末の亀田興毅のＷＢＡ世界バンタム級タイトルマッチを住吉会の幹部が観戦していたことが発覚し、物議を醸した。その亀田はかつて大阪・西成区のグリーンツダというジムに所属していた。ボクシング関係者によれば、こうだ。

「関西のボクシング興行は、もともと三代目山口組直系だった中西組の中西一男組長が仕切っていました。グリーンツダは、中西組長にチケットを売り捌いてもらっていましたが、それが半端な金額じゃない。一千万円、三千万円という単位。中西組長は、それを住専（住宅金融専門会社）で問題になった不動産会社に買わせていた。ジムにとっては大助かりだ」

また、白昼堂々、神戸のホテルで暗殺された五代目山口組時代の若頭、宅見組組長の宅見勝の贔屓は、大阪帝拳ジムだった。九四（平成六）年十二月におこなわれたWBC世界バンタム級タイトルマッチ「薬師寺保栄対辰吉丈一郎」のリングサイドに、生前の宅見勝が応援に駆け付けたことも第四章で触れた。世紀のタイトルマッチは、開催地を巡り、大阪と名古屋で揉めた末、名古屋でおこなわれた。祝井十吾も、薬師寺対辰吉戦のリングサイドを目撃した一人だ。

「当日のリングサイドは、異様でした。大阪帝拳ジム所属の辰吉側には大阪から駆け付けた宅見をはじめ、宅見組に近い山口組幹部たちが陣取り、薬師寺サイドは弘道会の関係者が陣取って、席を埋めている。当時の山口組内では、ナンバーツーの若頭である宅見と司（忍）では格が違ったはずだが、それが別々に応援しているんやから、珍しい光景です」

九四年のタイトルマッチから数えて実に十三年後、祝井たち大阪府警のマル暴刑事たちは梁山泊事件で関係者たちを摘発した。そのときの捜査について、こう打ち明ける。

「実は梁山泊事件のとき、薬師寺について改めて大阪府警で調べました。愛知県警の捜査資料のなかから彼が浮かんだ。二十人以上並んでいる弘道会会長の髙山（清司・山口組若頭）の交友者リストにあった一人が、薬師寺だったからです。かつて弘道会の前身である弘田組組長の弘田武志は、中日ドラゴンズの中心選手の有力後援者でもあった。名古屋における芸能・スポーツ興行は、何らかの形で弘道会の影響下にある、と言われているほど、興行の世界では組の名前が轟いています。ボクシングのタイトルマッチもそうした流れにある。それで梁山泊グループの背後にある人的ネットワークを調べるにあたり、芸能・スポーツの関係者が豊臣と弘道会の髙山とをつなぐ接点の一つではないか、と睨んだのです」

弘道会との関係について、当事者である薬師寺保栄に尋ねてみた。すると、意外にあっさりとこう認める。

「今でこそ暴力団対策法が厳しくなって、お付き合いはないですが、髙山さん、弘道会には興行でお世話になりました。所属していた松田ジムが応援してもらっていて、僕が現役のチャンプのころ、世界戦は名古屋で試合をしたものですから、ほとんどの試合でお世話になり、チケットを買ってもらったりしました。風習と言いますか、どのジムもそうだったと思います」

ちなみに渡辺二郎も、元は大阪帝拳ジム所属のプロボクサーとして活躍してきた。薬師寺と対戦した辰吉丈一郎はジムの後輩にあたる。スーパーフライ級の渡辺と階級が近い辰吉は、九二（平成四）年九月におこなわれた渡辺の引退セレモニー試合の相手として指名された。山口組の幹部たちがリングサイドを囲んだ世紀の決戦は、その二年後のことである。

そして、島田紳助が引退後の渡辺二郎と昵懇になるのも、このあたりからだ。渡辺が恐喝未遂事件で初めて逮捕されたのが九五（平成七）年。九九年に渡辺は、殺人事件に使われた自動小銃の売買に絡んだ銃刀法違反で再び摘発される。この時の公判で紳助が渡辺の友人として出廷し、裁判所に情状酌量を訴えたのは、先に書いたとおりだ。

この間、紳助は渡辺と交友を温めてきた。そうして〇四年の出所後、島田紳助は極心連合会相談役となった渡辺の親密な交友者として警察からマークされるにいたるのである。

「紳助は、渡辺を通じて極心（連合会）会長の橋本弘文と知り合うたように話しています。その橋本を通じて（山口組）若頭の髙山と知り合うたとも考えられます」

元マル暴刑事の祝井十吾が『FRIDAY』のスリーショット写真を見ながら、そう推測する。だとすれば、三人が席をともにしたのが、十数年前の若かりしころの紳助でも不思議はない。島田紳助には彼らとのそんな古い付き合いがあって、〇四年の梁山泊による株価操作事件に顔を出すようになったのではないだろうか。芸能・スポーツからIT業者まで登場した梁山泊事件は、まだまだ解明されていない部分が多い。

「梁山泊事件では極心連合会を絶縁になったフロント企業の社長も捜査した。その男は極心の橋本から、『お前は堅気の名刺で行け』と命じられて警備会社を始め、Vシネマまで手掛けて芸能界に進出しとる。このフロントは梁山泊の豊臣と親しく、事件でマークしとった。実は〇四年五月に開かれた三代目組長（田岡一雄）の息子の還暦パーティにも参加していた人物です」

この還暦パーティに、当時吉本興業の社長だった林裕章が病床から駆け付けていたのは、前述した通りだ。田岡満の還暦パーティには、芸能界の豪華絢爛たるタレントがそろう一方、山口組の大物組長たちや梁山泊事件に連なる山口組のフロント企業社長、さらに吉本興業の社長まで参加していた。暴力団が芸能界に一枚かもうと熱を入れるのはなぜだろうか。祝井十吾に意見を求めた。

「興行なら、チケットの販売やら、用心棒としてのみかじめ料みたいな狙いはある。また暴力団は自分の威信を示すため芸能人を使う価値があるんや、みたいなことを言う人もいる。けど、ほんまかな。タニマチという意味はあるけど、俺はこんな芸人を知ってるんやぞ、というだけで有名人と付き合うやろうか。たとえば紳助と奴らの関係はもう少し深いんやないか。不動産取引における噂が絶えへんのも、付き合いの深さを暗示しているのと違うかな」

興行の世界という観点からみれば、吉本興業では落語や漫才などの公演があるため、その筋の付き合いが日常茶飯だったのだろう。しかし紳助は、そこからさらにもう一歩踏み出しているように思えてならない。マル暴刑事たちが、そうした見えないつながりをとらえ切れるか。腕の見せどころである。

大阪府警捜査四課は、長年日本最大の暴力団、山口組と対峙してきた。そこにはマル暴捜査のノウハウと蓄積がある。なかには不良警官もいて、ときには不祥事に発展することもある。が、少なくともかつてのマル暴刑事は職人の集団だった。

警察庁長官の肝煎りで進められてきた山口組壊滅作戦は、六代目山口組組長の出所でいよいよ正念場を迎えた。そこに祝井十吾のような腕利きが欠かせないのは、言うまでもない。

豊臣春國の告白

「まあ、座ってください」

二〇一一年四月十三日、東京湾を一望する高層マンションのリビングで、ふかふかの黒い革張りソファーに深々と身を沈めた豊臣春國からそう薦められ、私たちは会話を始めた。繰り返すまでもない、梁山泊グループの元代表である。インタビューに応じたのが自宅のマンションだ。豊臣はみずからの素性を交えながら、明け透けに話し始めた。当初は時間がないと言っていた会談は、二時間半におよんだ。

「昭和四十三（一九六八）年ぐらいに、俺の姉が大野一家の二代目を継いだ貴島鉄雄と結婚したわけやねん。身内にそういうのがおったからね。それと俺自身に（覚醒剤不法所持などの）前科もある。警察やマスコミが、そういうふうに言うてくれたら、

『間違いやない』、言うて認める。でも、組を持ってるわけやないし、そういう組織とかには関係してもない。なのに、マスコミは取材も何もなしで、警察発表の垂れ流しで、『元暴力団』と書く。風評被害というんかね。そのせいでうちの会社もつぶれたんや」

梁山泊グループを率いて一世を風靡した豊臣春國は、摘発された大阪府警とそれを報じてきたマスメディアに対し、かなり不満がたまっているようだ。

「今はもう関係ないけどな、ぶっちゃけたら、警察の悪口になってまう。なんであそこまでされなアカンのか、いう気持ちが強いですから。ふつう山口組本部の手入れでも、捜査員は五百人しか導入せえへん。ガサ入れやったら四十人か五十人やねん、いつも。それが俺のときは七百人の導入でっせ。これは別件逮捕みたいなもんやん、言い方悪いけど。俺をパクれば何とかなるやろうという話がまずあったわけやねん。警察の四課がもう必死になってうちの従業員を捕まえて『教えてくれ』とか事情聴取しながら、ゴンゴン小突いたり、殴ったりしてるわけや。そんなん、今さらガヤガヤ言えへんけどね。俺から言わせたら、完全なフライングですやん」

豊臣は、山口組をはじめとする暴力団との関係について敏感に反応する。とりわけ大阪府警から山口組の資金源だと見られていたことに対しては、強く反発した。

「基本的に大阪府警の事情聴取で向こうが何を言うたかと思うたら、『山口組の誰と会うてるか』という点だけですやん。『お前はどうでもええんや。そんな大したことないんや』と優しゅう言うて、『ところで、お前は誰を知ってるんや、誰と付き合いあるのか』としつこく聞いてくる。捜査の狙いはそれだけですわ、はっきり言うたら。俺かてアホやなし、前科もあるからね、それはようわかる。けど、あのときの山口組は、まだ五代目山口組やったから、俺は何の関係もないんです」

みずからがマネーゲームに踊った事実については、ある程度認める。そのうえで、逮捕・起訴された被疑事実となった株価操作についてはこう嘯《うそぶ》く。

「株はアイ・シー・エフを買うたんが初めてなんや。カジノ賭博と同じようなもんで、たまたま二十億だった株の時価総額が五百億円に膨らんだだけや。でも、株取引は川上（八巳）らがやっていたから、俺は細かいことなんか何も知らん。実際は二百億円くらいが、あの連中のせいで消えてしもうてるんや。二百億がどこに行ったか、警察はそこを追及すべきなんやないか」

豊臣が率いた梁山泊グループの梁山泊とは、言うまでもなく中国の歴史小説『水滸伝』の舞台となった山東省済寧市梁山県の大きな沼沢を指す。十二世紀初頭の北宋末期、宋江が梁山泊に三十六人の有志たちを集めて立てこもった。その史実をもとにした小説の舞台として、日本でも「有志の集う場」、さらには「決起の場所」という意味にしばしば使われるようになった。

ギャンブルや賭けごとは、「勝負事」とも言われるので、豊臣はパチンコ攻略情報の事業をそう命名したのかもしれない。その名称が大当たりし、パチンコ攻略本で荒稼ぎした。だが、実はパチンコ情報誌は当人の発案で始めた事業ではない。汐留の高層マンションから東京湾を眺めながら、豊臣が続ける。

「梁山泊いうたら、歴史上の一つのブランドやからな。平成六（一九九四）年ごろまでかな、前は競馬の予想会社をしてたわけや。そのときまではパチンコとは関係のう、新宿梁山泊とか、競馬梁山泊とか、いろんな屋号使うてた。そうしてたら、知ってる不動産屋が、『自分のテナントのパチンコ攻略情報会社が休眠になっているので引き取ってくれんか』、言うんで買うたんや。その会社に、もともと使うてた梁山泊いう名前をつけて、売り出したんや」

パチンコ梁山泊と命名した会社をスタートしたのが二〇〇〇（平成十二）年のこ

と。それが当人の想像していた以上に大当たりした。

「それまでの商売で失敗しとったから、高利貸しに無茶苦茶利息を払うとった。裁判にも出てくるけど、最盛期は月に一億以上高利貸しに払とったんや。利息の合計で四十何億円、それだけのカネを高利貸しに払うて生きてきたわけやねん」

かつての梁山泊グループの代表は、しばしばふかふかの革張りソファーから身を乗り出した。そのときは、ものすごいいきおいで舌を回す。

「それが、ようやくパチンコの攻略で、たまたま当たった。一日に百万ぐらい入ってくる（売り上げる）ようになったわけやねん。で、平成十二（二〇〇〇）年、十三（〇一）年ごろ、大阪・中央区の日本橋《にっぽんばし》で三階建てのエレベーターのない小さいビルを建てた。そこで『わんわん共和国』というペットショップとパチンコ梁山泊をやっていったわけや。平成十四年から二年間で五十億ぐらい儲けたな。すると、『僕やったら、三井住友銀行とコネがあるから、引っ張ってきます』いう宇都宮の詐欺師が現れた。『銀行から融資を引っ張ったら、その礼として一割くれ』という。そこからが騙されはじめやねん。あとから聞いたんやけど、そのブローカーはバブル景気のときに二百億円の借金をつくってたらしい。それでヤクザに捕まって、『人を騙して金持ってこい』とか言われたみたいや。俺は前科があってパチンコの攻略本でようやく日の目を見たけど、ほとんど金利でもっていかれてた。で、銀行取引できるいうんでひっかかったんやね」

梁山泊グループは、最盛期の年間売り上げが二百二十億円に上った。パチンコ攻略本だけで五十億円を売り上げ、三割の高利益率があったというから、すさまじい。そのあぶくのような売り上げをあてにし、さまざまな事業が持ち込まれた。豊臣が目を輝かせて語る。

「イケイケやったから、山城新伍に映画つくらせたりして、宣伝もバンバンやった。一年間の宣伝費だけで二十何億円も使うてたわけや。平成十五（〇三）年は、パチンコ屋だった大阪長堀のビルを一億何ぼで整理回収機構から買うたわけやねん。はじめ向こうは売らん言うとったけど、どうしても欲しかったから、（ブローカーに）裏金を五千万ほど渡してね。俺犬好きやから、それを『わんわん共和国』というペットショップにして大阪で一番でっかい犬のデパートにしたんや」

ここまでは前科のある元ヤクザのサクセスストーリーに違いない。利益が大きくなるにつれ、その資金目当てに、得体の知れない金融ブローカーだけでなく、銀行や芸能マスコミなどが吸い寄せられていったさまが手に取るようにわかる。もうしばらくその豊臣の回想を続ける。

「サッカーの（デビッド・）ベッカムが日本語版の自伝を出すいうんで、産経新聞（フジ・メディア・ホールディングス）の一〇〇％子会社である扶桑社から声をかけられたこともあったで。なんでもベッカム側と契約を交わすのにカネが足らんいう。産経の子会社にそのくらいのカネないんやろうか、と思ったけど、ベッカムの本はイギリスで百五十万部売れたから、日本でも五十万部は堅いやろ、いう話で、翼システムと一千万円ずつ出すことにしたんや。うちは宣伝として、わんわん共和国のしおりを本に入れるいう話でした。それが翼システムとの最初の出会いですわ」

繰り返すまでもなく、翼システムとは自動車板金のカーコンビニ倶楽部チェーンで有名な新興企業だ。梁山泊グループが株価操作に問われたIT企業銘柄であるアイ・シー・エフは、村上ファンドの村上世彰から翼システム社長の道川研一、梁山泊の豊臣へと転売されていった経緯がある。その出会いからやがて豊臣春國は、アイ・シー・エフの株価操作や脱税で摘発されることになる。そこから豊臣の話は、みずから罪に問われた事件や、大阪府警の捜査へと戻る。やはり事件を捜査してきた大阪府警捜査四課のマル暴刑事たちに対し、豊臣は恨み骨髄の様子だ。祝井たちが捜査してきた山口組ナンバーツーである若頭の高山清司たちとの交友はあるのか、本人に尋ねた。

「証券取引法違反のときは、四課の刑事がテレビや新聞の記者を引き連れてうちの会社へぞろぞろ来たもんや。奴らはそこにヤクザがおると思ったわけやなあ。山口組のチンピラがぞろぞろ出てくるかな、て。そんでさんざん取り調べた挙げ句、『お前の所、普通の人間しかおれへんなあ』て言うとった」

そう笑う。

「変な話やけど、俺は確かにいっぱいヤクザを知ってるで。ヤクザで悪いんかというのが、俺の考え方や。でも、俺は前科はあるけど、（山口組を）破門になったことなんかあらへんで。うちの姉と（結婚して）別れた貴島鉄雄いうのが大野一家で、山口組に入ったわけやから『お前、俺の弟や』てなるやろ。あっちは直参やんか。ふつう山口組でいうたら、その弟が俺や。そこへチンピラ来たらあかんわけや。でも、チンピラがたかりに来とった。十万、二十万て、うちの社員がたかられてた。で、知ってる人間がおったら、『あんたのところのチンピラが来てるから頼むわ』と、もっと強いところに話するやろ、誰かて。それを、いかにも『ヤクザとつながってる』とか言われる。それは心外なんや」

要するに、山口組の末端組員に儲けを奪われないよう、力のある幹部に頼んだというところだろう。豊臣は次第に興奮し、すっかりソファーから尻をずらしてテーブルに両手をついた。

「（義理の兄である貴島は）体弱いから五代目山口組組長時代に引退したわけやねん。それで六代目に弘道会出身の司（忍）組長がなって、そのときに（貴島から）高山さんの名前聞いたわけやねん。『義理の弟が梁山泊いうパチンコ情報誌やってるけども、今までチンピラさんざん来とるから、てよう言うといた』て。高山さんは、『弘道会のチンピラを梁山泊には行かせへん』言うてくれた、と。で、『俺を立ててくれてそう言うてくれてるんやから、ちゃんとビールか何か持っていっとけよ』と（貴島が）言う。だから俺は五千円、いや一万かな、ビール券をいまの弘道会に送ったんやんか。そら十万のもんを送ったらおかしいかわからへん。けど、助けてもろうてそれ（ビール券のプレゼント）もせえへんかったら、何言われるかわからへんやろ」

いわば盆暮れの付け届けのようなものだという。キタ新地に高級クラブを出店したときに招待した件などを含め、髙山との関係についてはさすがに神経を使いながら言葉を濁す。梁山泊グループが出した店の名は「響」といった。

「髙山さんは十人くらいで来ていたけど、もちろん招待なんかやなしにカネも払うてもろた。あの人がカネ払うたん違うで。その一緒に来とった人間が払うたんやろ。別に俺があそこを経営しとったわけやない。うちの会社が出してる店やからいうことで、スポンサーがおるから、一回飲みに行ったろうかということで来てくれた、結構なカネ使うてね」

そうして事件になったアイ・シー・エフなどの株価操作については、あくまでギャンブルだと言い切る。

「あれは十億円で博打しただけのことや。生まれて初めて十億で株を買うて、五十億になったたわいという話やねん。俺にしてみたら、バカラの勝負で三回続けて勝ったようなもんやで」

知られざる裏のネットワーク

「付き合いでいえば、ヤクザもあるけど、銀行もあるし、高利貸しもあるし。グループの中で梁山泊だけでも年に六億円ぐらい儲けがあったけど、常にカネが足らんかった。月の支払いが二十何億円あるから、瞬間的に消えるわけやねん。映画つくって、ビルを買う手当てしてとか、カネがグルグル回ってるなかで、ミナミの和田忠浩にも七億円ぐらい返した。和田アキ子の叔父さんで、マンガ『ミナミの帝王』のモデルになった高利貸しのオッサンや。あのオッサン、捕まったけど、刑事によれば、元金と利息を最後まできれいに払うたんは俺だけや言うとったで」

豊臣春國はそう笑う。梁山泊で稼いだ資金に吸い寄せられ、本人の周囲には暴力団関係者だけでなく、得体の知れない投資グループや金融ブローカーたちがうようよいる。そこについて、感想を聞いてみた。

「俺が株を買ったアイ・シー・エフでは、企業から広告を出してもろて、ネットシネマいう宣伝映画をつくってたわ。たとえば中小企業のイメージビデオをつくるいうて、五千万もろうて三千万で制作して二千万儲ける。（お笑い芸人の）オセロの中島（知子）みたいな安いタレントを使うて、ネットだけで配信する映画をつくってたわけや。そんなんでみんな寄ってきたんやな」

饒舌にこう語る。

「そのアイ・シー・エフ社長の佐藤克から『うちの会社で、給料百万円で番頭をして頑張ってくれてますねん』と言われて紹介されたチャーリー・タカ（本名・田塩亨《たか》寛《ひろ》）ていう男もおった。そんでチャーリーから、『梁山泊で女の子を脱がせて裸にする催眠ビデオをつくりましょう』言われて、五千万円ほど出したことある。チャーリーはその後、マカオに渡ったらしいな。あとでわかったことやけど、俺のところにやって来た連中は、実業らしいもんは何もしてないねん。やっとるんは、ライブドアみたいに売り上げをひたすら上げ、会社の株を分割するだけのマネーゲームだけなんや。それでも株が上がって儲かった。金が余って、川上八巳が出て来た。川上は『榎本大輔いう人間が株を売ってくれと来てます』言うて、うちの会社に電話があったわけやねん。そうやってあいつらで勝手にマネーゲームをして、二十億円だったアイ・シー・エフの株が四百億円とか、五百億円になっていったんや。そのうち、ざっと二百億円がどこかへ消えてもた。その行く先は俺にはわからんのや」

ここに登場する田塩亨寛は、マカオをはじめとした海外の不動産売買を得意とする投資コンサルタントだが、のちに自己破産している。他の川上八巳にしろ、榎本大輔にしろ、香港やマカオを舞台にした投資の世界で知られた人物ばかりだ。魑魅《ちみ》魍魎《もうりょう》が渦巻くマネーゲームが生んだあぶく銭は、どこに消えたのか。大阪府警が、そうした資金の流れを懸命に追ったのは言うまでもない。

　ちなみに梁山泊事件にも顔を出した島田紳助は、梁山泊グループの広告部門を担っていた榮義則を通じ、本名の長谷川公彦名で、事件になったもう一つのビーマップ株の取引をしていたことが判明している。豊臣から指令を受け、榮が株を売り抜けた日時と紳助が所有株を売却したタイミングがほぼ一致しているのである。榮は株価操作の共犯として逮捕されたものの、起訴猶予処分となった。一方、紳助は榮との関係を写真誌『ＦＲＩＤＡＹ』にすっぱ抜かれたこともある。紳助とのかかわりについて、豊臣春國に尋ねてみた。すると大声でこう笑い飛ばした。

「ＦＲＩＤＡＹのあれは榮の失敗やからな、それで榮を追い込んだやつがいた。榮は紳助にも呼び出されて、『なんで俺の名前が出るんや』いうて、土下座させられたらしい。けど、紳助は株で儲けこそしているけど、損してへんのやで。俺が『株を売れ』言うて電話したその三十秒後か一分後かそこらで、一億円（分の株）取引しとる。そんなタイミングよう誰が売買できるねん。あんなちっこい会社の株で、たままそんな偶然てあるか」

問題のビーマップ株取引は〇五年三月八日と九日の二日間の出来事だ。正確には梁山泊グループの売り抜けと紳助の売却は、クロスしている。榮が豊臣の指示で株を売ったのが八日午後二時四十二分、対する紳助の売却時刻は四分前の二時三十八分である。翌九日は紳助が午前十時二十八分に四株と五十三分に十株を売り、榮は十時四十九分に二十四株、五十分に十四株、五十二分に二十六株、ビーマップ株を売却している。まさしく示し合わせたかのような絶妙のタイミングである。紳助の話題を続けるうち、豊臣の眼の奥が鋭く光ったように感じた。

「俺は島田紳助と飲んだこともなし、裏付けないけど、実際に榮からいろいろ聞いたんは確かや。榮は俺に、朝青龍へ四千五百万の時計をやった言うとった（注・報道では三千五百万円）。あいつは有名人好きで、ええカッコ言うねん。いっとき、（大阪市長の）橋下《はしもと》（徹）も付き合うてるいうて、よう出入りしとったらしい。貴乃花とか細木数子なんかもごっつう仲よかった。（榮の広告代理店の利益は）梁山泊の半分以下やのに、俺より金持ってるわけあらへんけど、ヘリコプター買ったりしてたし。それであいつは、『闇のシンジケートでもつくって金を回してるんやないか』という話まで出たほどや」

大阪府警をはじめとした捜査当局は、梁山泊事件で膨大な関係資料を蓄えてきた。闇紳士と有名人の知られざるネットワークがそこに記されている。むろん、これまで表沙汰になったのは、ほんの一部でしかない。

第七章　ヤクザの懐

新聞やテレビの報道ではあまり目にしないが、暴力団組織の特徴を伝えるとき、雑誌メディアはしばしば「武闘派」という表現を用いる。また、その対極として「経済ヤクザ」という言葉もよく聞く。武闘派のヤクザといえば、戦闘力が高く、殺人やテロも厭《いと》わないような恐いイメージが湧く。ヤクザ、暴力団である以上、凄みがなければ存在基盤を問われるので、どの暴力団も武闘派集団と呼ばれることには抵抗がない。

一方、経済ヤクザという表現になると、カネ儲けのうまい暴力団というイメージになるだろうか。弱きを助け、強きをくじくことを信条とする「任侠」を自任する渡世人にとって、経済ヤクザは元来、意に添う表現ではない。だが、現実は暴力団社会も資金力が大きくものをいう。カネがなければ、子分を抱え込むことはむろん、組同士の抗争にも勝てない。暴力団の世界に限ったことではないが、その組織が大きくなればなるほど、資金力が重要になるのも世の常だ。

山口組を日本最大の暴力団にした三代目組長の田岡一雄は、そんなヤクザの組織運営に大きな足跡を残した。神戸芸能社を通じて興行の世界に足場を築くと同時に、港湾開発や荷役事業に乗り出したのは、それなりの需要があったからでもある。

興行にしろ、港湾事業にしろ、トラブルの火種が多い。それを取り仕切る荒っぽいアウトローが、その存在感を見せつけていく。田岡の率いる山口組にとっては、格好の舞台だった。そうして経済力を蓄え、勢力を拡大していったのが、現在の暴力団組織である。

祝井十吾たちの捜査の主眼は、そんな暴力団の資金の流れを解明することにある。暴力団捜査ひと筋の大阪府警捜査四課出身だけに、山口組の経済活動の歴史にはことのほか詳しい。

「当代の六代目組長を輩出している弘道会は現在、地元の名古屋だけやのうて大阪でも大きな勢力を築いていますが、そもそも名古屋に橋頭堡を築いたんは、『名神会』の初代会長である石川尚《ひさし》です。『全国の港湾土木と荷役を握れ』、いう号令をかけた三代目田岡の腹心の一人が名神会の石川でした。そしてそれを補佐したんが、弘道会初代会長の弘田武志で、名古屋へ行って港湾を押さえた。当時、東京だけは住吉、稲川が強かったんで、山口組はまだ入れへんかった。東京には進出しないという関東との盟約があったから、山口組は表立って入っていけなかった。その代わり、田岡は名古屋と横浜を押さえようとしたんです」

関西をホームグラウンドとしてきた山口組が、名古屋に根を張るようになったのは田岡以来のことだという。名神会初代会長の石川尚は、神戸にあった「山口組系平松組」の幹部だった。一九七七(昭和五十二)年暮れ、三代目組長・田岡と親分、子分の盃を交わし、名古屋を拠点とする山口組直系二次団体として名神会の旗を揚げる。田岡にとって石川は、名古屋進出の先兵だった。

おまけに石川は、平松組時代から田岡の設立した神戸芸能社の活動を担い、芸能プロダクションの運営も手掛けてきた人物でもあった。いきおい愛知県内における興行イベントに睨みを利かせるようにもなる。

名神会は山口組組長の直参として、四代目組長の竹中正久暗殺後の一和会抗争でも名を馳せていく。田岡の薫陶を受けた石川は、六代目体制になったあとも直系二次団体の親分のなかで山口組最古参の組長として中部地方を中心に活動を続けてきた。

〇七（平成十九）年二月、会長の石川が引退し、弘道会出身の田堀寛を会長として二代目名神会体制が発足する。いったん弘道会傘下の二次団体に降格され、〇八（平成二十）年三月には改めて山口組本家の二次団体に昇格し、現在にいたっている。祝井が続ける。

「神戸港は地元だから当然として、三代目当時の大阪港はまだ大野一家の『鳥羽会』という単独のところが押さえとった。そこと二代目の山口登が縁を持って、直接支配じゃないけども、山口組が大阪の港湾土木を取ったんです。そのあと日本の主要な港として、名古屋と横浜を狙い、まず横浜を『益田会（益田組）』に任せた。初代組長の益田佳於《よしお》は五代目山口組組長の渡辺芳則がいた『健竜会』を立ち上げたときのメンバーで、これも田岡の信頼が厚かった」

田岡一雄と横浜の縁も古い。田岡の長男であり、神戸芸能社を改組したジャパン・トレードや港湾荷役業の甲陽運輸の社長を務めた満の還暦パーティの一幕は、前に書いた。そのパーティの発起人代表を務めた横浜の港湾荷役会社「藤木企業」会長の藤木幸夫は、スピーチのなかで田岡のことを「おじさん」と呼んではばからない。藤木の父親である幸太郎は、田岡とともに全国港湾荷役振興協議会を設立した間柄である。

そんな暴力団の資金捜査はどのように展開されているのだろうか。

保釈金の帯封を洗え

そもそも暴力団担当の捜査員たちは、どのようにして暴力団の活動を把握するのか。その捜査の中心が資金の流れである。なかでも、捜査員が着眼するのが彼らの保釈保証金だという。刑事訴訟法第九十三条二項に定められている保釈保証金の額は、罪や量刑の重さによって決まるものではない。容疑者に対する社会的脅威に加え、本人の財力などを裁判所が調査して決定される。

六代目山口組組長の司忍が、一九九八（平成十）年六月に銃刀法違反容疑で逮捕され、翌九九（平成十一）年七月に保釈されたときの金額は十億円だ。すでに司は東京・府中刑務所から出所しているが、その組長を上回る保釈金を支払ったと話題になったのが、若頭の髙山清司である。四千万円の恐喝容疑で起訴勾留されていた髙山に対し、京都地裁は二〇一二（平成二十四）年六月十二日、保釈金の金額を十五億円とし、髙山側が即日納付した。さすが山口組の大幹部となると、社会的な脅威が計り知れないので保釈金もこれほどの額になるということだろう。

保釈金の額はあくまで裁判所の判断だが、相場もある。薬物犯罪などなら百五十万円前後、ひき逃げや飲酒運転など、性質《たち》の悪い交通犯罪も三百万円ほどが相場だとされる。ちなみにロッキード事件の田中角栄やリクルート事件の江副浩正でさえ保釈金は二億円で、戦後最大の経済事件「イトマン事件」の主役とされる許永中でも六億円だった。保釈金はあくまで保証金だから、裁判が決着すれば被告に戻ってくるが、少なくとも裁判が決着するまでは、預け入れられていることになる。保釈中に逃亡した許永中は没取され、国庫に納入された。

過去最高としては、牛肉偽装事件の被告人だったハンナングループ総帥・浅田満の二十億円というケースがある。山口組ナンバーツーの高山はそれに次いで、脱税事件に問われた不動産会社「末野興産」元社長の末野謙一の十五億円と並んだことになる。ちなみに、司と同じく銃刀法違反容疑で逮捕・起訴され、裁判で無罪が確定した当時の直系二次団体、芳菱会の瀧澤孝は十二億円を積んで保釈された。

もっともこれだけ大きな保釈金となると、いくら山口組の首脳とはいえ、おいそれと用意できる金額ではない。いったい、この大金をどうやって捻出したのか。実は、マル暴刑事たちが暴力団の経済活動を洗うとき、そこが捜査の大きなポイントとなる。保釈金は、原則として現金で裁判所に納める決まりだ。数億円単位になると、日銀がその受付窓口になる。要は日銀が保釈金の受け付けを代行するわけだ。

「日銀に預けるのは、裁判所ではその大金を管理できないからです。額に不服のある被告人のなかには、保釈金を小銭で払って嫌がらせしようとした輩までいました。篠田（司忍）のときは、日銀が窓口になっていることを知らないのか、なぜか地裁に十億円の現金が運び込まれたらしい。十億円ともなると、一万円札でざっと百キロもあるから裁判所もたまらんかったでしょうね。職員が最終的にそれを日銀に持っていかなければならなかった」

元捜査四課の祝井は、捜査員が血眼になって保釈金捜査に没頭する姿を何度も見てきた。次のように話す。

「納められた札束そのものは、日銀で全部裁断されます。われわれとしてはその前に札束をチェックしたいところです。たとえば篠田の保釈のときには、札についた指紋からカネの出どころを追えると期待した。日銀に駆け付けたときにはすでに遅かった。裁断された後だった、と現場の捜査員は悔しがっていましたね」

単純な作業に思えるが、札に残った指紋をデータ照会し、保釈金を用意した人物にたどりつくこともあるという。また、保釈金の流れをたどるもう一つのポイントとして、現金を括る帯封の捜査もする。

「札自体が裁断されていても、保釈金を納める様子は、日銀のビデオ映像に残っています。それを解析するのです。ビデオに映っている札束を拡大し、どこの帯封でまとめられていたか、それを割る。何億円もの大金になると、必ず金融機関の帯封がついているから、そこに着目するのです」

祝井が捜査現場の秘話を明かす。

「篠田の十億円は、そのうち五億円分ぐらいの一万円札が連番になっていた。五億の預金をひとつの銀行で一気に引き出すなんて、普通ではありえない。それだけの大きな動きだと目立つし、こちらも銀行に照会しやすいので、なかなかないのです。だが、篠田のときはそうではなかった。保釈金を民間銀行から一度に引き出していたので、帯封から捜査を進めることができました」

さすがに祝井もこれ以上具体的な捜査手法は明かせないというが、保釈金捜査によって暴力団の経済活動や組織交流の一部が見えてくる、とこう続ける。

「たとえば篠田と同時期に逮捕された芳菱会総長の瀧澤の保釈金十二億円は、あの時点で暴力団史上の最高額でした。これは平成十五（二〇〇三）年に日銀大阪支店に直接持ってきたと聞いています。その捜査の中身を少しだけ話すと、このうちの三千万円に、北海道の小さな信用金庫の帯封が巻かれていました。『遠軽《えんがる》信用金庫』（紋別郡遠軽町）というとこでしたが、そんな小さな信用金庫でいっぺんに三千万円なんて引き出すやつなんかおらへん。それで、『そっちまで捜査に行くから、出入金伝票を用意してくれへんですか』と電話で依頼すると、向こうも『ああ、あの関係ですか』と、すぐに察しがつく。三千万円も用意すること自体、信用金庫にとっては大変なことだから、向こうも覚えていたんです。大阪府警の四課にいる財務専門官たちは、そんな緻密な捜査で資金の出所を突き止めていきます」

そこから府警の元マル暴刑事、祝井たちの捜査は次の展開に入る。

「財務専門官は、信用金庫から捜査を始め、北海道の資金の流れを掴んでいきました。芳菱会の瀧澤が用意した保釈金十二億円のうち、二億七千万円の出所、それを帯封からいとも簡単に突き止めてしまいました。北海道・旭川にある傘下の組が用意していたんですが、それがひょんなことで明らかになりました」

裏ネットワーク解明のヒント

信用金庫の三千万円から、他の帯封の二億七千万円に行き着いたということだろう。もとより捜査の手段は帯封だけではない。そもそも十二億円の保釈金ともなれば、系列や末端の組織を使い、八方手を尽くして集金する必要がある。そこも捜査の狙い目だ、と祝井は話す。

「実は瀧澤の保釈から遡ること四年ほど前、芳菱会傘下にあった旭川の組長が拉致されたことがあったんです。ヤクザの組長が組同士の抗争などで拉致されるケースは珍しくありません。けど、これは滅多にない事件でした。拉致した犯人グループの極道たちが、三億円の身代金を要求していたんです。それで北海道警察が捜査に入って、身代金の札を写真に撮っておいた。それがあとになって役に立った。実はこのときの身代金の札束と瀧澤の保釈金の二億七千万円の番号が、ぴたりと一致したんです。びっくりしましたね」

つまり拉致されたときに用意された身代金がタンス預金され、改めて四年後の芳菱会の瀧澤の保釈金として流用されていたことになる。これにより祝井たちが資金を提供した北海道の組へ捜査の手を伸ばしたのは言うまでもない。

そんな芳菱会会長、瀧澤の保釈金捜査にはまだ続きがある。

「いちばんわかりやすかったのは、やはり五菱会《ごりょうかい》との関係ですかね」

さらに祝井がこう付け加える。

「日銀の大阪支店に持ち込まれた札束のうち、金融機関の帯封がないものも多かった。その代わり、多くが輪ゴムで束ねてあったそうです。それが独特の留め方なので、日銀の職員もよく覚えていたらしい。『頑丈に束ねてあるので、輪ゴムを外すのが大変だった』という。それを聞いていた捜査員の一人がピンときた。これは五菱会のやり口ではないか、とね。そうしてその場に鑑識を呼んで、五菱会の輪ゴムの束ね方を再現させせた。すると、それを見ていた日銀職員が『刑事さん、まさにこれです』と思い出したらしい」

静岡県清水市（現・静岡市）の山口組直系二次団体「五菱会」といえば、ひところその傘下のヤミ金融業者が摘発されて話題になった。〇三（平成十五）年八月十一日の五菱会事件だ。〝ヤミ金の帝王〟との異名を取り、違法のウラ金融で荒稼ぎしていた梶山進が出資法違反容疑などで逮捕された。五菱会の実質ナンバーツーと目された元組幹部の梶山は、表向き暴力団組織から身を引いていたが、暴力団組織と同じように上意下達の結束の固いピラミッド組織をつくりあげ、暴力金融界に君臨した人物として知られる。梶山は全国の多重債務者へダイレクトメールで無担保融資を勧誘するという組織的な仕組みを構築。その顧客情報を管理・統括するセンターを置き、そこが指令を出して多重債務者を狙い撃ちしてきた。スイスの銀行を使ったマネーロンダリングまでを駆使して犯行を繰り返してきた、かつてない大がかりなヤミ金融業者である。

〇五（平成十七）年十一月、東京高裁はその梶山に懲役六年六月の実刑判決を下す。罰金三千万円、追徴金は実に五十一億円に上った。追徴金の額は五菱会グループ幹部たちの分をトータルすると、九十四億円という前代未聞の金額になった。百億円近いその追徴金を見ただけでも、事件の大きさがよくわかる。

五菱会事件では警視庁をはじめ、愛知県警、広島県警、福島県警が集い、合同捜査本部が設置され、マル暴刑事たちが梶山らのヤミ金グループを山口組の資金源と睨んで捜査を重ねた。祝井たち大阪府警捜査四課は直接そこには加わっていないが、捜査は五代目山口組総本部にまでおよび、その資金ルートの解明が期待された。結果的に山口組本体を摘発するまでにはいたらず、空振りに終わっているが、捜査が無駄だったわけではない。

　暴力団は、組織活動そのものが利益を生み出すわけではない。他の経済活動から資金を吸い上げる機能があるからこそ、組織運営が成り立っているといえる。それが長らく日本の社会構造に組み込まれてきた。

　取り締まる側の警察にとって、そんな複雑な資金の流れを解明するのは、容易ではない。芳菱会の瀧澤の保釈金捜査により、それまで直接の接点が見えなかったヤミ金組織との線がつながったことになる。そのつながりを明確にできたわけだ。

「保釈金の捜査といっても、そのほとんどは事件として直接立件できるわけではありません。だが、奴らの経済活動の背景や人脈、意外な交友関係が、保釈金に隠されているケースもあります。たとえば篠田の保釈金の一部は、あるラーメンチェーンから出ているフシがあった。何の変哲もない一般に知られた飲食会社が、山口組組長と何らかのつながりを持っていたということになる。そんな事実も時折、判明します」

　元ベテランマル暴刑事の祝井十吾は、いざというときものを言うのは捜査データの蓄積だと、繰り返し言う。そんな捜査はできる限りアンテナを張り巡らせ、情報をとることから始まる。

「たとえば山口組のヒットマン組織である十仁会を組織した初代の弘道会会長、弘田は中日ドラゴンズの中核選手の後援者だったけど、そのつながりがわかったんも偶然でした。ドラゴンズの選手がある女性とのトラブルを抱え、(事情) 聴取せなあかんようになった。調べたところ、弘田と中日の選手との関係が浮かんだんです。捜査はそんな意外性の連続です。暴力団組織はヤミ金みたいなフロント企業だけでのう、そのへんにある一般の会社や芸能界やスポーツ界にいたるまで、ネットワークを張り巡らせていますから、そのどこかにブチ当たることは結構あります」

こうした捜査がのちに事件として結実することも少なくない。山口組をはじめとした裏社会の人的なネットワークは、想像以上に広く、深い。それを支えるのは、やはり資金力だという。

武闘派の経済ヤクザ

「瀧澤の保釈金捜査では、おもろいことがいっぱい出てきました。たとえば三菱東京ＵＦＪ銀行の四谷支店の帯封があって、それを調べるため銀行に行くと、その口座から現金で一億円もの出金があった。で、財務専門官たちの捜査が始まりました。このあと一週間、カネがどこにいったのか、カネの行方を調べたんです。それを辿ると、結局、現金で引き出されていただけ。芳菱会の副会長が一億円を引き出して保釈金に充てていました」

祝井十吾が当時の捜査に思いを巡らす。こう言葉をつないだ。

「そうして三菱東京UFJの四谷支店で調べを進めている最中、他におもろいことが出てきた。大阪の仕手（筋）の西田晴夫《はれお》を調べている静岡県警から、銀行に事件の照会がきてたんです」

西田は「最後の仕手筋」と呼ばれた大阪の大物相場師だ。もとは市役所の職員だったという変わり種で、仕掛けた仕手戦は数知れない。なかでも東証一部上場の志村化工（現・エス・サイエンス）や宮入バルブ、アイビーダイワ（現・グローバルアジアホールディングス）、南野建設（現・アジアゲートホールディングス）といった仕手戦では、山口組との連携も噂された。西田は〇七年十月、南野建設の第三者割当増資に絡んで仮装売買を繰り返した株価操作（金融商品取引法違反）容疑で大阪地検特捜部に逮捕された。その捜査のなかで関係を取り沙汰されたのが、静岡県を根城にする後藤組だ。その大物仕手筋の捜査は、大阪地検だけでなく、大阪府警や静岡県警とも合同で進められたという。

「西田については、われわれ大阪府警でも長いこと内偵捜査をしていました。このときは瀧澤の保釈金捜査をしていたのですが、銀行の支店で後藤(組)の関連口座を見つけた。なら静岡県警と協力態勢をとろう、となったのです。たしかこのときは日本航空の株が買い占められて話題になっていたんですが、西田と近い後藤組が、後ろでJAL株をいじっているんやないか、いう話もありました。ある日、組長の後藤忠政の嫁から、十五億もの大金が地元(静岡)の信用金庫に入金されとるいう情報が静岡から上がってきた。で、捜査をそこへ伸ばしていった。しかもその現金の帯封を調べていくと、またも三菱東京UFJの四谷支店。帯封の日付が平成十四(二〇〇二)年一月二十八日と二十九日、となっていました。なぜ、こんな大きなカネの動きがあるのか。もともとJALの件は、静岡県警が四谷支店で『富嶽企画』など後藤組のフロント企業の口座を発見し、そのカネがのちにどう流れていったか、その捜査をやっていた過程で出て来た話でしたから、それと何らかの関係があるのではないか、となったのです」

ＪＡＬといえば、二〇一〇（平成二十二）年一月に経営破綻したのち三年足らずで株式の再上場を果たし復活を遂げて評判になった。むろん、株の買い占めが話題になったのは、その破綻よりずっと以前の話であり、日本エアシステム（ＪＡＳ）との統合に乗り出した絶好調のときだ。元衆議院議員の糸山英太郎などが個人筆頭株主になったことも、いろんな風評を呼んだものだが、そうした株取引のなかで後藤組の名前も取り沙汰されてきたのである。

静岡県富士宮市を根城にする後藤組は、暴力団と民間人の闘いを描いた『ミンボーの女』を製作した映画監督、伊丹十三の襲撃事件で話題をさらった。〇六（平成十八）年五月には、組長の後藤忠政が東京・渋谷区にある真珠宮《しんじゆく》ビルの所有権をめぐる電磁的公正証書原本不実記録容疑で警視庁に逮捕される。その真珠宮ビル事件では、後藤組幹部の指令で民間人が殺されるなど、その残虐性が世に轟いた。その後、殺人犯として指名手配されたうちの一人がタイで死亡したのは、関係者の生々しい記憶として残っている。

創価学会との抗争などでも有名な後藤組は、山口組のなかでも武闘派として、その名を轟かせてきた一方、屈指の経済力を誇ってきた。財力を築いたのが、東京における不動産や株取引だとされる。武闘派と経済ヤクザというふたつの顔を使い分けてきた暴力団組織だ。それだけに祝井たち大阪府警の担当刑事もずっとマークしてきた相手だ。その後藤組は、山口組内で司忍六代目組長体制に反旗を翻した。山口組幹部会をすっぽかして芸能人とのゴルフコンペを開いた一件を皮切りに除籍処分を食らい、解散の憂き目に遭っている。

空港開発の莫大な利益

「政界と同じで、ヤクザも偉うなろう思ったら、カネが必要なんです。資金力イコールその組の力、いう傾向は年々強なっています。山口組でも、資金力がないと、いつまでたっても上へ上がられへん。直参になるには、三億くらい用意する必要がある言われてます。たしかに若頭補佐クラスまでのぼりつめようとしたら、最低でも三億くらいは即金で右から左へポーンと動かせるくらいの器量がなかったら、アカンでしょうね」

祝井十吾はそう言い切る。若頭補佐とは、文字どおりナンバーツーの若頭を支える山口組の組織運営の要だ。

暴力団の世界は政治の世界と似ている、とよく言われてきた。似ているのは、どちらも資金力が幅を利かせてきた点ではないだろうか。ブリヂストンの創業家に生まれた元首相の鳩山由紀夫が、あれほどいい加減な政策論で世間を惑わせたり、ろくな政策論議も戦わせない小沢一郎が、剛腕政治家と恐れられたりする。両者に共通するのは財力だ。裏社会も同じく、カネの力が大きくものを言う。祝井が指摘する。

「六代目山口組で（若）頭を張っている髙山の賢いところは、それをようわかっていることではないでしょうか。たとえば東京進出するにしても上手です。もともと東京では國粋（会）、稲川（会）、住吉（会）の三本柱が、シマ（縄張り）を分けおうてきました。そのなかでショバ（場所）を持ってたのは國粋でしょう。新橋、京橋、六本木……、中央区、千代田区あたりの多くが國粋の地盤で、いうたら地主みたいなもんです。住吉や稲川はそこを借りてシノギをしてたかっこうに近い。で、そこに目をつけたんが、山口の髙山でしょう。國粋を自分らの組に引き入れた。その時点で、地主が山口になる。そうなったら、勝ちですわ。結果、いまや山口に対抗しとるんは、住吉くらい。それしか残ってへん」

その山口組の内部でも、絶えず勢力争いが繰り広げられてきた。これも自民党や民主党などの内部闘争とそっくりだ。二〇〇〇年代半ばの山口組は、五代目組長の渡辺芳則から六代目の司忍組長体制に移行する。むろん三十年以上の暴力団捜査歴を持つ祝井たちは、そこで起きた出来事をずっと観察し続けてきた。

「五代目の渡辺時代、山口のなかでは圧倒的に山健が強かった。それは渡辺が山健の出身だからでしょう。やはりヤクザのシノギで最も大きいのは、開発に絡んだ建設利権です。大阪でいえば、難波の再開発やユニバーサル・スタジオ・ジャパン（USJ）の建設いうところですやろか。難波の再開発のときは、その山健系のなかでもけっこう衝突があった。先に出張っていたのが盛力会の盛力健児（会長）、中野会の中野太郎（会長）。あとから健竜会（四代目会長）の井上邦雄、それに宅見組まで入って来てグジュグジュになってた。USJのときは、山健本体の桑田兼吉が建設会社に睨みを利かせとった。そんなんで、相当なカネが動いた思いますよ」

山口組は、直参と呼ばれる直系二次団体を中心に、三次団体、四次団体、五次団体とピラミッド組織を形成している。二次団体は横並びのようにも見えるが、組によって力の差は歴然としている。

ときの山口組組長を出した山健組や弘道会、若頭を出した宅見組といった大きな組は、山口組二次団体を事実上の傘下系列組織や親睦組織として抱えている。祝井のいう盛力会や中野会は、山健組のそれに当たる。五代目組長の渡辺の出身である健竜会は名門ではあるが、山口組の組織のなかでは三次団体という位置付けだ。健竜会は五代目山口組組長、渡辺が初代会長で、桑田が二代目、井上は四代目である。

そんな裏社会における組の浮き沈みは、目まぐるしい。栄枯盛衰の移り変わりは、政界のそれ以上かもしれない。五代目体制でわが世の春を迎えた山健組系のなかで、盛力は親しかった後藤組組長・後藤忠政の処遇を巡り、本家の執行部を批判して除籍処分となる。盛力会は解散し、代わって副会長の飯田倫功が地盤を引き継いで倭和会を結成し、六代目山口組の直参に昇格した。系列や派閥の力学が大きくものを言う世界だ。

一方、日本の企業社会は、むしろ当の暴力団より機を見るに敏なのかもしれない。日本最大の暴力団組織山口組の勢力図が変わると、各企業は迅速に対応する。元大阪府警の祝井十吾は、暴力団と企業との関係について次のように解説する。

「やっぱり商売人は、力あるほうになびくじゃないですか。たとえば（食肉卸大手の）『ハンナングループ』でも、そうです。あれだけ五代目にべったりで山健贔屓だった元代表の浅田（満）が、当代が名古屋の看板に替わったら、すぐに向こうに挨拶に行っとるんです。ハンナンの名古屋入りはこっちも確認しています」

元来、偽装牛肉事件で摘発されたハンナングループ総帥の浅田満と山口組との交友は知られたところだ。浅田満は五人兄弟の次男として大阪南部の羽曳野《はびきの》市に生まれた。すぐ下の弟である三男は元山口組系白神組幹部、四男が元山健組幹部である。かつて浅田の実父や夫人の葬儀に、五代目組長の渡辺芳則がみずから参列し、渡辺夫人がハンナングループ企業の役員に名前を連ねていた。それほどの間柄だ。渡辺の個人資産を運用してきた、という評判が立ったことまである。

浅田満は被差別部落解放運動で名高い部落解放同盟における実力者でもあった。それだけでなく、食肉業のほか、金融や建設にも乗り出してきた。元山口組系白神組幹部の実弟に建設会社「昭栄興業」を任せ、さまざまな公共工事や開発案件に絡んできた。とりわけ関西国際空港の開発には、大きな影響力があったとされる。

「ハンナンは基本的に五代目寄りでしたが、同じように利権の真ん中にいたのが大阪府漁連（漁業協同組合連合会）会長の田中忠明でしょうね。湾岸開発には漁業補償はつきものですから、関空の工事そのものにはむしろ田中の存在感のほうが大きかったかもしれません。田中はもともと香川出身ですけど、大阪の此花区《このはなく》にやって来て漁連の会長にまでのぼりつめた。此花区には三代目山健組組長の桑田兼吉の家もあった。そこらあたりからマークしていた」

祝井がそう説明を足す。

「その田中の肝煎りで設立された建設会社もあります。そこが港区に大きな十二階建てのきれいなビルを買い取って事務所開きをしたとき、組関係のでっかい花輪が出されたとの目撃情報も上がってきていました。そのビルは、のちに部落解放同盟の関係者が事務所を構えるようになった。大阪の開発では、ハンナンと双璧をなす会社として知られています」

関空の一期、二期工事を合わせると、その総工費は実に三兆円を超える。九〇年代から二〇〇〇年代初頭にかけたこの時代、隆盛を極めたのが、五代目山口組の渡辺芳則であり、出身母体の山健組である。実際の開発現場では、懇意の企業に莫大な利益が転がり込んでくる。そんな企業と裏社会の構図はいまもさして変わらない。

「そんな公共工事でガバッと儲けた企業もある一方、それと同時に、ヤクザも大きゅうなっていきよる。開発利権とヤクザの財布にどんな関係があるんか、われわれはそれを知りたいんです。関空工事のときに山健が伸びていったのと同じように、名古屋の弘道会が力をつけていった時代には、中部空港と国際見本市がありました。関空やセントレア（中部国際空港）のような埋め立てや人工島の建設工事をする際、近隣漁民の反対もあります。湾岸地域の漁民をなだめて開発するには、漁業権の売買という形で決着する以外にない。そこで、うまく捌くまとめ役のような存在が必要になるんです。関空工事におけるそれが、大阪府漁連の田中でした」

元大阪府警の祝井十吾は、関空の開発を間近に観察し、情報収集をしてきた。そしてその後、着目したのが、中部国際空港の開発である。祝井は名古屋の弘道会が山口組のなかで力をつけていった過程で、空港開発が関係していると睨み、愛知県に何度も足を運んだ。目的は開発資金の洗い出しだ。

「セントレアも空港の浚渫《しゅんせつ》工事だけで、一千五百億円のカネが動いたと聞いていいます。ここにも漁業権問題が発生していますが、漁業補償の獲得交渉なんかのノウハウは関空のときと同じ。それで、関空の仕切り役だった大阪府漁連の田中が、セントレアのある（愛知県）常滑《とこなめ》市の漁連に、一回大阪へ来い、と呼びつけ、向こうが相談に来てます。で、『ノウハウ教える代わりに、うちの親しい会社を下請けに使え』、となるのではないでしょうか」

開発事業における企業の利益と暴力団の経済活動が直接結びつけば、警察が事件として取り扱うことができる。だが、現実には資金の流れがなかなか見えない。そして気がつくと、暴力団の勢力地図が大きく変化していることが多い、という。

伊勢湾に臨む常滑市に人工島を浮かべる中部国際空港の建設が本格的に動き出したのは、一九九六（平成八）年十一月のこと。国の第七次空港整備五箇年計画で、ここが大都市圏拠点空港として決定されてからである。そこで七千六百八十億円という莫大な総事業費が見込まれ、建設が進んでいった。開港は〇五年二月十七日だ。

この間、山口組の組織内では、弘道会が存在感を見せつけていった。九七（平成九）年、五代目組長渡辺芳則体制下でナンバーツーの若頭だった宅見勝が暗殺される。そこから山口組の混乱が続いた。〇四（平成十六）年には渡辺が病床に就いた。そんな渦中、五代目組長の渡辺の出身組織として勇名を馳せた山健組と弘道会が競り合うようになっていったという。

長期休養のあとの〇五年七月、五代目山口組組長だった渡辺が引退を表明した。そしてこの年のうちに名古屋の弘道会会長で、山口組若頭だった司忍が六代目組長を襲名する。司が山口組の組長にのぼりつめたのは、奇しくも中部国際空港の開港と同じ年である。

「自民党や企業における派閥の力関係と同じです。違いは撃つか撃たんかだけ。渡辺が元気だったら、山健の桑田兼吉に六代目組長を譲った可能性もあった。そしたら、そのまま山健の山口組本流が続いていたかもわからへん。桑田自身、渡辺のあと自分が山口の六代目になって、（若）頭を司、最高舎弟頭に（芳菱会の）瀧澤、という構想図を描いていたみたいです。しかし、宅見と司は、そう考えてへんかったんでしょう。宅見と司、渡辺、桑田のあいだで、六代目体制づくりに向けて何があったんか。具体的にはわかりませんけど、宅見の事件後、混乱した山口組のなかで、銃刀法違反の不法所持で逮捕された桑田は、面会に来た（後継の山健組組長の）井上へ『はめられた』言うて悔しがっとったらしいです」

　祝井たちベテランマル暴刑事は、常に彼らの動きを監視し、緻密な捜査を重ねている。たとえば組長はむろん若頭や若頭補佐など、山口組大幹部に対しては、親族の身辺調査もする。

大幹部で年収六百万円だけ？

昨今、全国に行きわたった暴力団排除条例や暴力団対策関連法の締め付けにより、ヤクザ稼業は成り立ちにくくなったという。一般企業や庶民が暴力団幹部に資金提供すれば、それだけで処罰の対象になる。それどころか墨文字の名刺などを印刷するだけで、当局からお叱りを受ける。そんな時世だ。

かつては建設や港湾などの事業会社を運営していた暴力団の親分もいたが、いまはそれができない。つまり、暴力団組員は生業を持てないのである。とすれば、どうやって生活するのか。

事実、末端の組員は生活に困窮している。そのため振り込め詐欺や恐喝、果ては生活保護の詐欺などに手を染めるケースも後を絶たない。派手な高級車に乗り、高級ブランドのスーツに身を包んでいても、案外、実生活は火の車というヤクザも少なくない。

だが半面、本当にうなるほどカネを持っている大物ヤクザもいる。少なくとも山口組の直系二次団体の組長クラスには、ある程度の資金力がないとなれない。その資金はどこから湧いてくるのか、そこが捜査のポイントでもある。

　大阪府警捜査四課には、過去の家宅捜索で押収した山口組関係者の膨大な財務関係書類がある。そのなかには、個人の確定申告書なども含まれている。捜査員はそこから補充の捜査を実施し、報告書にまとめている。私が見たある報告書では、名古屋国税局に申告したある山口組屈指の大幹部の申告額が六百万円とあった。日本人の平均年収の四百万円よりは上だが、上場企業における三十代の一般サラリーマン並みといえる。その六百万円は雑所得のみの収入と記されていた。山口組のトップクラスの大幹部で、年収六百万円とはあまりに不自然だ。

「おかしいですやろこれ。毎年毎年収入六百万円、って書くだけで、どこそこからの入りとも書いていない。それで、国税からも何も言われないですから、わしらも腹立ちます。こいつの収入もっとあるやろ、と誰もが思いますけど、国税と話してても、『そんな立ち入り調査なんか行けるはずがないやん』って言うだけです」

　祝井は、呆れながら苦笑する。むろん当該幹部の銀行口座の動きも調べている。

「調べるんは、本人の口座だけやない。幹部のケースでは、息子の口座におかしな動きがあった。名古屋に本人と非常に親密な港湾関係のフロント会社があって、そこのカネの出入りを調べとったら、従業員の妙な口座があった。それが息子の給与振込口座でした」

父親であるこの山口組大幹部は、とうに還暦を超えているので、息子は三十代か四十代だろう。一見、何の変哲もない給与振り込みの預金口座にも思えたが、その実おかしな動きがあったと、祝井が言葉をつなぐ。

「よくある銀行の普通預金口座で、振り込まれる月の給料は三十万円くらい。預金残高は常に五百万円ほど、とこれもさしておかしくはなかった。ところが正月になると、ここへ決まってごっつい金が入るんです。現金で一千万円くらい入金され、それがすぐに出ていく。またカード決済も派手でした。たとえばアメックスカードでヨーロッパ旅行の費用百六十万を決済しとるとか、JALトラベルのハワイ旅行代金で二十四万とか。二年で千六百万円もカード決済しとるんです。月々三十万円程度の給料からすると、あまりに使い過ぎでしょ。一方でヤクザである本人の収入はあくまで六百万円です。それで名古屋の高級クラブも頻繁に通っています。だから実質は親父が使っているか、マネロン（マネーロンダリング）的に資金が回っているのではないか」

六代目体制固めの影響

当代の六代目組長を出した名古屋の弘道会は、大阪でもその権勢を振るっている。新たに組織の頂点に立った者が、みずからの地位を固めるため、従来、競り合ってきた実力者を遠ざけたり、排除するのは世の常である。それは政治の世界や企業社会も変わらない。よくいえば、組織内の人心刷新だ。

六代目体制の山口組でも、似たようなことが起きた、と祝井十吾は言う。五代目組長の渡辺に近く、六代目体制に異を唱える組長直系の二次団体が絶縁処分になったり、解散する組が続出した。直系二次団体は、当代の山口組組長と直に親子盃を交わし、子分となった組長が組織を率いている。その五代目時代の直参組長が引退し、代替わりする組織も出た。

「若頭の高山は、〇五年から五年ほどかけ六代目の司体制を固めていきました。山健の勢力が目立った大阪でも、力のある組やシマをポンポン押さえ込んでいきよった。要するに行政力です。親分を引退させたり、二代目にすげ替えていくため、高山や司との盃を改めて交わし直し、新たな親分、子分の関係づくりをしていった」

元大阪府警捜査四課の祝井十吾が、山口組内の勢力の変遷を振り返りながら、説明してくれた。

「大阪でいえば、山健や一心会あたりは骨があって、六代目の司や若頭の高山も、なかなか手こずる相手だと思うていました。けど、そのあたりも、高山は実に巧妙やったね」

弘道会の対抗組織として名前が挙がる山健組は、四千人の組員が所属し、準構成員を加えると七千人規模の山口組最大派閥だ（二〇一〇年時点）。元山口組若頭の宅見勝を襲撃した中野会など、系列や親しい有力組織も多い。

「中野会が宅見暗殺でつぶされてから、山健のなかで勢力を保っていたのが、極心連合会の橋本弘文と『太田興業』の太田守正でした。六代目発足を睨んで、この二つが山口の直参として昇格した。橋本は山健の若頭や組長代行まで務めていたので、本来なら山健組組長の目もあったはずですが、山口組若頭の高山は敢えて自分を補佐する山口組の若頭補佐に据えた。そこから筆頭補佐に引き上げ、山口組のナンバーフォーとして司―高山体制を支えるようになっています」

と祝井。島田紳助引退騒動で注目された極心連合会の橋本は、暴力団社会のなかで屈指の大物といえる。組織内における対抗勢力のなかで目ぼしい有力者を自分自身の懐に取り込むというのもまた、企業社会と同じだ。

一方、逆に弾かれるケースもある。同じ時期に直系二次団体に昇格した太田興業は、山口組の東京進出に大きく貢献した組だとされる。だが〇八年、後藤組などとともに執行部批判をしたとされ、太田興業も除籍処分になっている。組は解散し、組織の地盤は「秋良《あきら》連合会」に引き継がれ、ここが二次団体となっている。

ちなみに島田紳助の芸能界引退騒動の渦中に流出した髙山、橋本、紳助のスリーショット写真の撮影日は、紳助の経営する料理屋のオープン記念という。登記簿から察すると、ビルを新築した〇二（平成十四）年あたりだろうか。三人とも随分若いので、〇五年に発足した山口組六代目体制よりは前ではないだろうか。紳助は暴力団社会屈指の大物を自分自身の経営する店に招くほど親しい付き合いだったということになるが、見方を変えれば、髙山と橋本も有名タレントの店にそろって出かけるほど近い間柄だということだろう。

暴力団社会と芸能界とのネットワークは、予想外の広がりを見せる。タレントが会食や宴会に参加した場面がたまたま表面化しただけのような浅い交友もあれば、日ごろからビジネス上で深くつながっているようなケースもある。浮上した交友関係がそのどちらにあたるのか、厳密な判別は難しい。それだけに現場の暴力団担当刑事たちは、彼らの動向を監視し続けるのである。

たとえば太田興業の地盤を引き継いだ秋良連合会といえば、会長の秋良東力と中田カウス事件の仕掛け人とされたリゾート開発会社会長の城谷勝正（第三章で詳述）とが姻戚関係にあたる。

「親戚ですから知り合いではありますが、それだけの話で、仕事の付き合いなどはいっさいありません」

秋良連合会との関係について、リゾート開発会社の社長はそう話していたが、裏社会と芸能界の複雑な縁《よすが》を垣間見るようでもある。

五代目から六代目へと山口組の体制が代替わりしていくなか、その周囲にも大きな変化があった。五代目組長・渡辺芳則の威光を笠に着て我が物顔に振る舞っている、と吉本興業の創業者一族に告発された中田カウスは、やはり山口組の動向が気になったに違いない。六代目体制の重鎮である橋本と近いとされた島田紳助を快く思っていなかった、との吉本関係者の推測もあるが、それもあながち的外れではないだろう。
山口組の代替わりは、各界に大きな影を落としている。

第八章　捜査刑事の落とし穴

警察庁長官がみずから名指しし、取り締まりを号令してきた山口組弘道会の摘発。それは警察当局が脅威を感じてきたことの裏返しであるのかもしれない。これまで書いてきたように、当局は山口組の六代目組長に就いた二〇〇五（平成十七）年に司忍自身を逮捕・収監し、一一（平成二十三）年四月に釈放されるまで、山口組は組長不在だった。そのあいだ着々と体制を固めてきたのが、弘道会会長、山口組若頭の髙山清司である。

山健組系の太田興業と並び、大阪の有力組織として名高い一心会も、〇八（平成二十）年の後藤組に対する除籍処分の際、二代目会長の川崎昌彦が除籍処分となっている。だが、組織は太田興業と異なり、そのまま温存され、勢力は衰えていない。髙山が一心会の川崎を引退させ三代目の能塚《のうづか》恵に代替わりさせるという体制固めをおこなったからだ。

「一心会を遡れば、原点はミナミのキャバレー『富士』です。大きなダンスホール付きのキャバレーのなかに事務所があった。韓禄春という在日韓国人のヤクザが昭和二十八（一九五三）年に始めたキャバレーですが、そこをいろんな暴力団がシノギの場にしようとした。ほんで、韓が他団体の妨害を恐れ、山口の三代目組長、田岡一雄から盃を受けて子分になったんです。その韓の若衆である桂木正夫につくらせたんが、一心会でした」

元大阪府警捜査四課の祝井十吾は、やや黄ばんだ資料をめくりながらそう説明した。一心会はそのころから山口組に存在する古い組だ。

一心会の生みの親である韓は一九六〇（昭和三十五）年八月、新たにグランドキャバレー「キング」を開店する。オープンセレモニーには、田岡の可愛がっていた演歌歌手、田端義夫が出演し、田岡自身も祝いに駆け付けた。その打ち上げ会場のクラブ「青い城」で、ミナミを中心に暴れまわっていた暴力団「明友会」の幹部と鉢合わせし、明友会の一人が山口組幹部をビール瓶で殴りつけて乱闘になる。そこから山口組による残虐な報復が繰り返された。それが山口組抗争史上に残る「明友会事件」である。明友会事件は、大阪府警や兵庫県警による第一次頂上作戦を呼びこむ結果となる。

警察の第一次頂上作戦から逃れた七〇年代に入り、すでに全国展開していた山口組はまたしても地元の関西を舞台に抗争を繰り返す。七五（昭和五十）年から七八（昭和五十三）年まで三年あまり続いた松田組などとの大阪戦争では、田岡自身が京都の高級クラブ「ベラミ」で銃撃された。その凄惨な報復は報道だけでなく、映画などでも紹介されているとおりだ。また、その六年後の八四（昭和五十九）年から八九（平成元）年にかけた山口組の分派である一和会との内部分裂抗争では、数の上で有利だったはずの一和会が瞬く間に蹴散らされた。山一抗争は、「代紋」と呼ばれる暴力団社会における看板の影響力の大きさを示し、山口組の寡占化を促す結果になったといえる。

一心会は、そんな山口組抗争史のなかで、頭角を現していった組織である。初代会長・桂木のあとを受け、一心会二代目会長となった川﨑昌彦は、抗争に明け暮れた山口組でも知られた存在だ、と祝井がこう補足する。

「大阪戦争のときも、山一戦争のときも、一心会は目立っていました。わけても二代目の川﨑は〝殺しのマサ〟て呼ばれてたほど戦闘的やった。のちに宅見（組）と中野

（会）が揉めてたとき、散髪屋で中野太郎が襲われましたやろ。あのときみたいな襲撃のやり方を最初にやったのが一心会でした。きつい組でしたんで、一心会だけはどこも手をかけへん（襲わない）。その一方で、川崎は父親がパチンコや風俗店、ボウリング場とかを経営していた商売人の息子やったから、商才もある。今でも一心会はミナミの風俗を牛耳っとるけど、そういう経済力もあるんです」

そして三代目会長の能塚恵になり、その戦闘力はむしろ上がったのではないか、と祝井は見る。

「だから髙山にとっても、敵に回しとうはなかったはずや。代替わりさせることで、うもうやりました。あとを継いだ三代目の能塚もきついやつでね。反権力で警察にも敵対心をむき出しにしよる。逮捕するときは撃たれんように後ろからせえ、と府警のなかで指示が飛んでるほどでした」

六代目体制に移行後、山口組は警察との対決姿勢を強めるようになる。祝井たちマル暴刑事としては、ますます厄介な存在になったのである。

犬の死骸捜査

「平成二十（〇八）年の六月、直参のエダ（二次団体の末端組織）へガサを入れたんです。その翌日でした。ガサ入れた班長の警部の家に犬の死骸が放り込まれたんは……。だから、どこがやったんか、マルわかりですやろ。上部団体である直参は情報収集力に長けていて、日ごろから関係者を通じ、『府警の幹部のヤサ（自宅）はすべて押さえた《た》』と、意図的にわれわれに聞こえるよう、吹いていました。その話のなかに、暴力団と付き合いしとる警察官とか、カネもろとるやつとか、そんなデータを交ぜてる。一種の脅しですな」

祝井十吾が、目下、展開中の新山口組壊滅作戦のさなかに起きた捜査幹部に対する嫌がらせや、事件前後の出来事を再び振り返った。そこまで判明しているなら、威力業務妨害や公務執行妨害などの容疑で、逮捕できそうなものだ。なぜ立件しようとしないのか。組関係者の取り調べや家宅捜索はしたのだろうか。

「むろん捜査はしています。元組関係なんかから話は聞いていますけど、ガサまではなかなか。親分がイケイケなんで、本気で警察とやりあおうとしとる。なら、こっちもやらんとアカンのですけど、向こうの情報がどのくらいあるんかわからん。それで、とりあえずは班長宅に張り付いて、出方を待った。そのまま何もなかったんで、今にいたっとるいう感じですやろか」

下手に動くと、跳ね返った火の粉で警察が火傷をする恐れがあるからだろうか。あるいは単に相手の尻尾をつかめず、事件にするまでの材料が不足しているだけかもしれない。こうした警察当局と山口組との緊張状態は、ずっと続いているという。

警察当局は、六代目山口組組長の司忍の刑期である二〇〇五年十二月から一一年四月までを絶好の機会ととらえ、捜査を続けてきた。司の出所までに京都府警が若頭の高山を恐喝容疑で逮捕し、続いて弘道会の若頭である竹内照明もターゲットにしてきた。祝井の話。

「それは司─高山─竹内という弘道会ラインつぶしであり、山口組の中枢たたきです。竹内はまだ二次団体の弘道会の若いもん頭（若頭）であり、司の直参ではありませんが、とくに高山の信頼が厚い。山口組としては、恐喝事件で高山が服役するあいだ、司を補佐する側近として、温存しときたかった人材です。山口の執行部入りさせるため、司の出所後は竹内に司から盃を受けさせ直の若衆にしたい。警察もそうした裏事情がわかっているからこそ、司の出所前に竹内まで挙げようとした。司が出てくる前に、弘道会のラインをガタガタにしときたい、いうんが、その狙いでした」

　警察と山口組のあいだの攻防がピークを迎えていたのが、司の出所前後だ。当日までには間に合わなかったが、司出所の十九日後にあたる四月二十八日、愛知県警捜査四課がその竹内を逮捕したことは、第二章で書いた。一二（平成二十四）年四月、名古屋地裁は暴力団員であることを隠してゴルフ場でプレーした詐欺事件を無罪とし、残ったクレジットカード詐取のみで、懲役十月、執行猶予三年の有罪判決を言い渡す。それだけ当局も懸命だったのだろうが、薄氷を踏むような危なっかしい摘発だったのは間違いない。

　かたや犬の死骸を警察幹部宅へ投げ込むような傍若無人ぶり。警察当局はその返り血に怯んだわけではないだろう。むしろ、針の穴を通すように犯行をあぶり出すきわどい捜査を展開してきた。いわば攻める捜査当局、防御を固める山口組ともにギリギリの闘いを続けてきた。

　市民を守るために暴力団と対決するのは、警察の使命といえる。山口組の頂上壊滅作戦もその一環であり、だからこそ捜査手法が多少荒っぽくても、さほど非難は浴びない。一方、暴力団サイドは、いかに警察の捜査がひどいかを世間にアピールし、捜査の勢いを鈍らせようとする。

問題は、警察当局のすべてが正義の法の番人ばかりとは限らないことであり、だからこそ厄介だ。実際、暴力団のフロント企業から金銭を受け取り、捜査情報を流すような汚職警官や、退職後にフロント企業に天下って暴力団と後輩のあいだをうまく立ち回って小遣い稼ぎをするような不良警官は絶えない。そんなきな臭い情報をつかんだ暴力団サイドは、逆に攻勢に転じることもできる。結果、不祥事にまみれ、警察が捜査どころではなくなることもある。

刑事事件としてどこまで立件可能か。暴力団の事件に限らず、刑事たちはそこを計りながら捜査を進める。〝ヨンパチ〟と呼ばれる四十八時間の勾留時間の取り調べだけで済ませるケースから、逮捕して十日、二十日と勾留したうえで、処分保留や不起訴に終わらせて釈放するケース、起訴までして裁判で有罪無罪を争うケース、とさまざまな段階がある。

もとより刑事たちは事件で捕まえた容疑者に対し、裁判で実刑が下り、塀のなかに入れようとゴールを目指す。だが、なかなかそううまくはいかない。それよりまず、マル暴刑事たちは暴力団幹部を警察に呼びつけ、取り調べる。それだけでも警察内部で評価され、得点になるからだ。日ごろはむしろそうした細かい捜査を積み重ねながら、暴力団と対峙していく。

「捜査に関しては、世間の監視が厳しくなったんで、やりにくうなったんは間違いありません。ただ、やり方がまずい刑事もぎょうさんおります。大阪府警のマル暴は無茶苦茶しよる、てよう言われます。そら、取調室で壁の前に延々立たせてプレッシャーを与えたり、柔道場で絞め落としたり、そんな捜査もようしていました。しかし、本当に相手を落とそうと（自白させようと）思うたら、そればかりではアカン。先輩刑事たちは、容疑者との人間関係を築いてきたいうか、この刑事さんやったら白状せなしゃあない、て極道から思わせるような取り調べをしてきたし、後輩がそれを学んできました。最近はそれがあまりありませんな」

元マル暴刑事の祝井は、あくまで冷静で客観的だ。知られざる取調室での攻防について、祝井に聞いた。

取調室の録音

二〇一〇（平成二十二）年九月、大阪府警東警察署の警部補が任意の取り調べ中に相手を恫喝、脅迫したとして摘発された。

「お前の人生むちゃくちゃにしたるわ」

「（取り調べで）手出さへんと思ったら大間違いやぞ」

「警察なめたらあかんぞ」

その東署の警部補は、落とし物を横領した容疑で取り調べていた被疑者に対し、そう脅していたという。それが発覚したのは、取調室に持ち込んだICレコーダーによる隠し録りからだった。取調室の隠し録りといえば、小沢一郎の政治資金規正法違反事件において、元秘書の石川知裕（現・衆議院議員）が特捜検事とのやり取りを録音していた一件もあり、昨今の流行のようでもある。

その警部補と容疑者との生々しい録音が、テレビやYouTubeで流れ、物議を醸した。事件の翌一一年四月二十八日、大阪地裁はこの警部補に対し、不当な取り調べとして求刑の二十万円を超える罰金三十万円を科す有罪判決を言い渡した。

もっとも取り調べられた男が、無辜《むこ》の被害者だったかといえば、決してそうではない。取り調べ翌年の二月、実際に勤務先のパソコンを盗んだとして、改めて窃盗容疑で逮捕された。おまけに捜査の過程では、落とし物をした持ち主の女性に対するストーカー行為まで発覚し、その行状の悪さが浮き彫りになる。捜査は大阪府警の意趣返しに見えなくもないが、この件について、祝井十吾に感想を求めた。

「あの件は、録音された取り調べ時の音声が証拠として裁判に出るいうから、私も傍聴しました。『おいおまえ、昨日と言うこと変わっとるやないか。録音しとんのちゃうやろな』と何回もカマかけてましたけど、本当に録音されてた。たしかに、刑事は怒鳴り散らしてはいるんですけど、相手のほうがずっと悪《わる》なんです。女につきまとって、無茶苦茶やっとる。それがわかっているから無茶な調べをしたともいえます」

祝井が珍しく饒舌に語る。

「やっぱり、こんなやつは許せへん。けど、あの件で警察内部は二つの意見に割れました。意趣返しととられても、ぜったい許さんから別件で挙げる、いう強硬派。もう一つが、もうかかわり合いとうないという穏健派です。結局、組織は守ってくれへん、いざ容疑者と本気で対決したら自分が捕まりました、みたいな状態になるのは避けたい、という人間もやっぱりおる。だから、刑事総務課も『どう指導していいか、悩ましいところや』とこぼしてました」

昨今、取り調べの可視化が進んでいる。密室の取り調べをオープンにし、被疑者側の冤罪を防ぎ、自白や供述に任意性をもたせようとしている動きだ。しかし現場の刑事からは、やはり取り調べがやりにくくなったという声が絶えない。

「警察における取り調べは、その最中に監察官の見回りもあり、常にチェックされています。それだけやのうて、もう何年も前から、総務課の連中が何度も調べ室をのぞきに来るようになりました。調べの最中は扉をあけっぱなしにせぇ、と言われるんで、刑事の声が廊下に筒抜けです。だから、あの東署のケースは腑に落ちんのです。あれだけ怒鳴り散らしとったら、総務課の連中が駆け付けて来て注意するはず。たまたまかもわからへんけど、それがなぜあんな形でＩＣレコーダーに録音されるようなことになったんか」

祝井がそう首をひねる。そうして昨今の取り調べのあり方について、警鐘を鳴らす。

「結局、取り調べも落としどころが必要なんです。自分が悪いことをして調べられてるのは、向こうもわかっている。だから取調室で本当に喧嘩になったらアカンのです。ややこしいなるのは、刑事さんが自分の思いをストレートにぶつけてしまうとき。こいつは悪いからどんな方法を使ってでも絶対自白させなあかん、という思いが強すぎて突っ走る。けどホンマは、捜査状況を見ながら、盗人にも三分の理があって弁解したいことあるやろ、と受け入れて調べをせないかん。つまるところ、その人間をどんだけフォローしていくか、それが大事なんです」

相手の言い分をどううまく捌き、自白させられるか。刑事にとって、そこが最大の課題だ、と祝井はこう話す。

「それは、やっぱり手本がなかったらでけへんことですね」

ベテラン刑事の取り調べ術

「先輩刑事さんの取り調べを見ていたら、あんな東署なんか大したことあらへん。もっとひどいのは四六時中、何百回と見てきました。公判の提出データのなかにも、調べの最中にどついた、はたいた、けなした、とさんざん。わしらもさんざんやった。殺しの取り調べでは、相手をバラバラに切り刻んだ凶暴極まりない奴とかおったし、いろんな奴を自供させてきました。でも、相手がこっちの揚げ足をとって訴え出るようなことはありませんでした。私らは相手が調べを問題にして公判出廷したことなんか一回もないけど、最近は取り調べの言動が問題になり、刑事や検事が公判に出廷して弁明するケースがやたら多なった。それは被疑者とのあいだに人間関係ができてないからです」

元大阪府警の祝井十吾は、そうみずからの体験談を話す。

「無茶はしてますよ。けど、それはあくまで事実があって、真相究明のためにやってるいうことが、相手もわかるわけです。相手の言い方をある程度値踏みしながら、上から攻めていったり、横から攻めていったり、ときにこっちが頭下げたり、何でもします。ただ、それは単に割る（自供させる）ためだけやない。真相究明するためです。お互い黙ったまま一日、ときには一週間ずっとしゃべらへんいうのもある。いまの若い子（刑事）は上司にせっつかれるまま自分の思い込みで攻めていく一方なんで、それがでけへん」

基本的に犯罪者は嘘をつく。その虚言は、真実とは遠い対極にある。その距離をどう埋め、真相解明に近づけていくか、それがプロの捜査員の仕事だ。

「そのやり方がわからんのは、先輩から教わった経験がないからと違うやろうか」

祝井はそう自説を唱える。

「昔の四課だと、徒弟制度が厳しかった。たとえばデカ部屋で班長とか主任が座っている隣には、必ず若い兵隊が立っている。班長がタバコをくわえると、パッと火をつける。また捨てるときも、サッと灰皿を出す。そんなタテ社会の理不尽さは、ヤクザの習性を知る上で必要なんや、と教えられました。ヤクザは何十年も不条理な世界で耐え忍んで住んでるんやから、それをおまえら刑事が耐えられんで何の調べができるねん、っていう論理です。夕方になったら先輩から『ちょっと行くで』て飲みに連れて行かれる。班長が街で変な奴と肩でもあたったらアカンので、『おまえらが前にいて露払いせい』と朝四時まで付き合わされるんです。われわれはそのまま出勤して仕事をせなアカンけど、班長本人は夕方まで出てこない。そういう理不尽な仕打ちに耐えると、精神的に強うなるんです」

いわゆる体育会のしごきのようなイメージだが、組織としての一体感も植え付けられる。そうして若い刑事はベテラン刑事とともに取調室や家宅捜索の現場に放り込まれ、先輩のやり方を学ぶのだという。家宅捜索の現場も同様だ。

「家宅捜索に行くと、まず前捌《まえさば》き役の若い刑事が一発かます。『おりゃあ、はよ親父（組長）出さんかい』とかましながら、組長が出てきたら『班長、どうぞ』と班長が出張る。そういう儀式もときに必要なんです。そのやり取りのなかで、向こうの組長に、『この人とはちゃんと話せなアカンな』という意識を植え付ける。班長自身、若い時分からそうやって鍛えられてます。だから取り調べで相手が何をやっても動じない。そんな伝統があったんですけど、いまはすっかり薄れてますわ」

とりわけ、暴力団相手となると、殺人をはじめ重い犯罪を問うケースが多い。相手も取り調べに慣れているうえ、起訴され下手すれば死刑になる。そんな相手に面と向かうのだから、取り調べは過酷にならざるをえない。

「実行犯がおって、その上に教唆しとる親分がおって、さらにそれを指示する上部団体のトップがいる。ヤクザの殺しなんかは、言うたら常に組織犯罪です。でも、なかなかそこにはたどり着かん。それどころか、実行犯を落とすだけでもかなりきつい。ヤクザ同士の抗争の実行役でも、殺しとなると、二十年、三十年の懲役に行かんならんし、下手すると無期（懲役）や死刑もありうる。そんな奴を割るのは苦労します」

祝井はかつてみずから手がけた取り調べを思い浮かべるかのように、しんみりと語った。

「ヤクザにも家族がおりますやろ。ある殺しで調べたなかに、子供が二人いて、二人ともちょうどこれから中学へ入る、高校へ上がるというタイミングの組幹部がいました。体重が百キロくらいある巨漢でしたんやけど、ずっと否認を続けていたので調べは膠着《こうちゃく》状態。殺されたほうがかなりの悪《わる》だったんで、個人的には同情しながらも、覚悟を決めて調べを続けていました。あのころは何時間でも調べができたもんです。で、夜中、ずっとやり合うて朝の五時ごろになってそのヤクザがとつぜん巨体を丸め、床に崩れるようになりながら、『刑事さん、私がやりました』と泣き出した。そのときは私の頭にも子供や奥さんのことが浮かびました。これで子供や奥さんと会えへんようになる。本人はしゃあないけど、家族が路頭に迷う羽目になりかねへん。いつの間にか、取調室のわしらも胸が締め付けられるように感じたもんです。いまはそんな長時間の取り調べなんか許されへんけど、あのころはそんなことも珍しくありませんでした」

ヤクザを相手にするマル暴刑事は、そんな過酷な日常に耐えられなければ務まらない。

不良警官

もっとも、マル暴刑事のなかには不良警官も少なくない。

「暴対法の施行以降、わしら刑事が組員や組幹部と直接会うことは禁じられています。だから表向きは近づけへんけど、裏ではつながっている連中もけっこういます。他府県の暴力団担当者が通じとるケースもよくあるんで、怖くて情報交換もできひん」

刑事と暴力団の接触を禁じているのは、癒着が生じないようにする手立てでもある。昨今では会食などはもちろん、暴力団員と喫茶店で会うこともできないそうだ。一方で、捜査は情報が命でもある。それだけに内部に近い協力者との接触は欠かせないのだが、いつの間にか、向こうに取り込まれて身動きできないケースもあるという。もともと刑事自身に下心があり過ぎて、深みにはまる場合も少なくない。

「弘道会との関係でいえば、愛知県警のなかに取り込まれとるのがいました。弘道会（若）頭の竹内照明を挙げようとして躍起になっていたところ、県警内部のS（スパイ）が浮かんでもうて、大変でした。だからワシらは気をつけているんです」

元大阪府警の祝井はそう渋い顔をする。祝井の言う警察内部のSとは、たとえば〇七（平成十九）年十月、弘道会の竹内と親しい風俗チェーン店経営者の自宅に愛知県警の家宅捜索が入り、その場で捜査四課の警部名が記された八百五十万円の借用書が発見された一件などを指す。とりわけ弘道会は警察を取り込む術に長けているともされる。警察庁の弘道会狙いは、そうした暴力団と身内である警察の癒着構造をあぶり出す目的も含まれていた。やはり情報を得るための暴力団との関係づくりは難しい、と祝井が苦笑する。

「こっちも髙山の動きを探るために親しい人物に情報提供してもらってる。そのうちの一人が『私らに聞くより、愛知県警に聞いたほうが早いやん』って皮肉を言うてました。その刑事は髙山の行きつけのクラブへ、堂々と県警の車で乗り付けて飲んどるんです。要は向こうに取り込まれてもうた。そんな人にこっちが弘道会の捜査情報を尋ねたら、向こうに筒抜けになってまう」

そういえば福岡県警の刑事が、捜査情報を流す見返りに、組員から賄賂を受け取っていた事件も発覚した。

「そんなことはようあるんです。山口組の五代目時代、直参の中西一男（五代目山口組最高顧問）の葬式があったんで、わしらが葬祭場を張っとった。そこにデボネアがバッと駆け付けて来て、そのすぐ後ろに五代目の車が連なっとる。その先頭車はまるで五代目を先導しているかのようでしたけれど、それは兵庫県警の車輌でした。ミイラ取りがミイラになっとる刑事はけっこういます。ある兵庫県警の有名なマル暴刑事は、（直系二次団体だった）元柳川組幹部の会社に再就職しよった。もうちょっといいところあるのに、そんなところに天下るしかない。つながりが切れへんのやろうね」

祝井が呆れる。

「ガサ入れでもナアナアで、事前に『明日行くからな』と向こうへ電話するから準備万端。向こうは、待ってました、で、パフォーマンスだから、組事務所で揉めることなんかあらへん。これも結局、癒着みたいなもんです」

大阪府警は本気で家宅捜索してきたため、結果として〇五年の極心連合会のときのような大喧嘩に発展するという。第一章で書いたが、ＹｏｕＴｕｂｅで流れた家宅捜索だ。裏を返せば、マル暴捜査といっても案外馴れ合いのケースが少なくないという証左なのだろう。

　捜査では暴力団側からの情報提供が不可欠だが、現在は捜査員が直接暴力団組員と接触する行為を禁じられ、やりにくくなった、と祝井たちマル暴刑事は一様に嘆く。

だが、そうした警察官の行動規制もまた、暴力団との馴れ合いを恐れているからにほかならない。

「まあ、警察は先輩後輩のタテ社会ですから、不良の先輩をそう悪うは言えませんけど、やっぱりいろいろ規制されるんも仕方ないかもしれませんね」

　それでも祝井たち敏腕刑事たちは情報を獲得するため、周辺者からの聞き込みを繰り返す。

終　章　山口組捜査の行方

京都市中京区の丸太町通にある京都地方裁判所は、二〇〇一(平成十三)年十一月に完成した二十一世紀の建物だが、東京地裁や東京高裁がある霞が関の合同庁舎など他の地域の無味乾燥な裁判所とは異なる独特の趣がある。北玄関の真向かいに京都御苑を望む。パソコンで検索すると、庁舎の建設工事中には、古墳時代や飛鳥時代の土師器《はじき》や須恵器《すえき》が発掘され、それが市の考古資料館に所蔵されている、とホームページに紹介されていた。裁判所の敷地は、平安京の一部だったそうだ。実際、古都の中心に位置している京都地裁を訪ねると、古代の風情を感じる。北玄関から庁舎に入ると、広いホールには、昔日の裁判に使われていたという版木でつくられた期日呼出状などが展示されていた。

そんな京都地裁一階にある一〇一号大法廷で、優美な古都の風情とは縁のなさそうな裁判が開かれてきた。山口組若頭の高山清司が恐喝罪に問われた刑事事件の公判である。

そして二〇一二（平成二十四）年十一月十二日、京都地検による論告求刑がおこなわれた。一〇（平成二十二）年十一月十八日に京都府警が摘発してからおよそ二年、日本の暴力団社会に君臨する山口組ナンバーツーの裁判が大詰めを迎えて報道陣が殺到し、百人近く入れる大法廷の傍聴席の半数がマスコミ関係者で埋まっていた。

開廷時刻である午前十時少し前、被告人の高山が姿を見せた。病気療養などを理由に保釈が許された高山は、首に分厚いコルセットを巻き、杖をついている。静まりかえった法廷をゆっくりとした重々しい足取りで一歩一歩進み、被告人席へ腰を下ろした。

開廷宣告に続いて検察側の申請した証拠の採否を決め、裁判長の小倉哲浩が傍聴席を見渡しながら、告げた。

「それでは以上ですべての証拠調べを終わることとします。（本日は）検察官の論告ということでよろしいですね」

高山清司に対する論告求刑は、いわば山口組若頭という日本の暴力団社会のトップに対する京都府警や京都地検の最終的な結論といえる。元大阪府警捜査四課のベテランマル暴刑事、祝井十吾にとっても、非常に関心の高い出来事だ。ただし、祝井はその論告求刑の中身に触れると、予想外の言葉を発した。

「これは難しいかも……、どうも引っかかりますな」

論告求刑の筋書き

高山の恐喝事件は、山口組が五代目組長の渡辺芳則体制から六代目組長の司忍体制に移行する過程で起きた。第二章で登場した被害者の上田藤兵衛は京都の同和被差別部落解放の運動家として知られる一方、建設業を手掛け、山口組五代目組長の渡辺や京都を根城にしてきた会津小鉄会元会長の高山登久太郎など裏社会の知己も多い。山口組中野会と会津小鉄会が、古都の覇権をめぐり衝突してきた様も間近で見てきた。

「本件は指定暴力団六代目山口組若頭、二代目弘道会会長である被告人高山清司が土木建設業を営む株式会社若藤の実質経営者等である上田藤兵衛から、その関連企業等が受注する土木建設工業等に関し、みかじめ料名目に金員を騙し取ろうと企て、山口組二代目弘道会淡海一家総長である高山誠賢こと高山義友希、淡海一家相談役である西田幸市こと西田弘一、淡海一家関係者である東原英明こと鄭英明らと共謀の上、平成十七（二〇〇五）年七月三十日から平成十八年八月初旬ごろまでのあいだ、上田を脅迫して金員の交付を要求し、平成十七年十二月三十日、平成十八年八月九日および同年十二月十八日の三回にわたり、上田から現金合計四千万円の交付を受けた恐喝の事案である……」

　裁判長の指示を受け、論告求刑を朗読する検察官の舌が、ものすごいスピードで回り始めた。刑事事件では、検察側、弁護側ともに公判における持ち時間があらかじめ定められている。検察官は限られた時間のなか、できる限り多くの主張をしようと、分厚い論告求刑を早口で読み上げていく。傍聴席はその一言一句を聞き逃さないよう、静まり返った。

　事件のあった〇五年当時、高山登久太郎の長男である義友希の率いる淡海一家は、会津小鉄会ではなく、若頭の高山が会長を務める弘道会傘下に入り、山口組の三次団体になっていた。西田はその淡海一家の相談役であり、恐喝事件における実行犯に位置付けられている。

「同（二〇〇五）年七月三十日、京都東急ホテルで上田は西田らと会い、同人から『わしは義友希の兄弟分で、兄弟分にさせたんは（父親で元会津小鉄会会長の）高山登久太郎や。高山義友希の仕事をやっている。後見人にもなっている』などと言われたうえ、『わしがやっている仕事をお前がつぶした。わしの利益をとった。本来、命もらわなあかん話やけど、関係者もおるし取った分の利益を持って来い。三億円払え、これ払わんかったら命とる』などと、滋賀県の日野町の清掃現場の仕事の件で脅され、金を要求された。その際、西田といっしょにいた若い衆三人は上着の内ポケットに手を入れて拳銃を持っているような素振りをしていたため、上田は殺されるのではないかと恐怖を感じた」

論告求刑文を読み上げながら、検察官が生々しい恐喝現場を再現していく。恐喝の被害者と位置付ける上田の心情を次のように代弁した。

「(上田は)山口組では五代目が引退して弘道会が主流になったのであるから、企業舎弟として暴力団の配下に入るようにと言っているものと理解した」

上田藤兵衛は、金銭の要求を迫られた淡海一家の後ろに控えている山口組ナンバーツーの髙山清司を恐れたという。そこで、山口組ナンバースリーの総本部長、入江禎(二代目宅見組組長)を頼り、仲裁に入ってもらうよう相談をした、と検察官はことの経緯を説明していった。

「同（〇五）年三月以降の弘道会淡海一家側の一連の動きを伝え、仲裁を依頼したところ、当入江は『淡海（一家）は京都をとるものと見える。頭も出張って何でも仕事を持っていく。なんで頭はそんな焦っているのやろ』などと被告人（髙山）の行動に苦言を呈する発言をして仲裁の依頼を引き受けた。（中略）十月三日、上田は嵐山『吉兆』でお礼の宴席を設け、入江に一千万円を謝礼として渡した」

だが、結果的にその一千万円の仲裁料の効果はなかった。

この年の十月二十五日、関係者による会食の席が京都の料亭「たん熊本家」で設けられた。メンバーは上田藤兵衛と山口組若頭の髙山清司、淡海一家の髙山義友希、上田とたびたび接触していた淡海一家関係者の東原英明の四人だ。その会食場面について、論告求刑のなかで検察官はこう述べた。

「東原は、それ以前も一連の要求の窓口となっていたことから、上田はこの会食がボス格同士の交渉であると理解した。この会食の席で被告人（髙山）は上田と挨拶を交わしたあと、手を挙げて義友希と東原を指し、『日ごろこれらが世話になっている。今後も仲良くしてやってくれ。仕事も力を合わせてよろしく頼む』などと言った。上田は被告人が『平成十七年三月以降に責められていたことを水に流して義友希や東原と仲良くやってほしい、自分が企業舎弟として面倒をみるから義友希と東原たちと力を合わせて仕事をやってくれ』と言っているものと理解した」

今度の恐喝事件において検察側は、この「たん熊会談」を境に、上田による高山への金銭提供が始まったと指摘した。〇五年十二月三十日、京都ホテルオークラの喫茶店で東原に渡した一千万円を皮切りに、翌〇六（平成十八）年八月九日の二千万円、十二月十八日の一千万円の三回。合計四千万円が東原たちを通じて高山に流れたとする。論告求刑において検事は、その後、恐喝した側の東原が上田に伝えた事柄として、次のように述べた。

「平成十八（〇六）年二月（中略）、東原は上田に対し、『今日、山口組としての決定事項を伝えます。一つ、藤兵衛さんのやっている仕事は淡海一家を窓口として通してきて欲しい。一つ、京都市内の捌きなどの仕事の金は、淡海一家が捌くから、こちらに金を持ってきて欲しい。一つ、全国で手がけている仕事も淡海へ報告すること。筋もんの捌きも淡海がする。見返りとして、盆暮れも淡海を通して餞別を頭に届けてほしい。以上の方針が決まったので、伝えます』などと言い、金員を要求した。また、東原は上田に対し、『頭が直々に頼むで、念を押したで』と言い、上田は東原が頭すなわち被告人（高山）の伝言で来たものと理解した」

　加えて検察官は、上田がそのあとたまたま高山と路上で会い、そこで礼の言葉をかけられた、と高山の事件とのかかわりを補充した。

「平成十八（〇六）年十二月二十五日前後、祇園の花見小路付近で、上田は被告人および義友希と偶然すれ違い、その際、被告人が上田に対し、『藤兵衛、いつもすまんな』などと言ったことが認められる」

　この間、上田藤兵衛はみずからがオーナーである建設会社「若藤」に淡海一家の関係者たちが乗り込んできた様子を隠しカメラでビデオ撮影していた。この日の検察側による論告求刑では、その模様についても赤裸々に語られた。

「（ビデオで淡海一家相談役の）西田が、『ほら、まるで、その保険料納めん保険みたいなものでんがな。ワシに言わしたら』などといった発言について、上田は同人が被告人の企業舎弟として仕事をして上納金や捌き料など、仕事をした金を納めていないという意味に理解した。西田が、『そんなん、上から何のものが落ちてくるやら、表出たかて、車が飛んでくるやらね、何が起きるか、わからん。わけのわからん世の中やない？　そんなん、わしらのせいにされてもかなわんしね』などといった発言について、上田が保険料を納めていないために何が起こるかわからない。何が起こっても西田のせいにはするなと、脅してきていると理解し、みずからの生命の危険を感じた」

つまり、上田が淡海一家相談役の西田たち山口組関係者にみかじめ料を支払うのは、一種の保険のようなものであり、それがないととんでもない目に遭う、という脅しのように受け取れる。ビデオは恐喝の実行行為に関する物的証拠だ。それらを踏まえ、検察官は最後に締めくくった。

「求刑。以上の情状を考慮し、相当の幇助を適用の上、被告人について懲役十年に処するのが相当と思料する」

懲役十年は、刑法第二四九条（恐喝）に定められた最も重い法定刑である。

論告求刑における検察サイドの主張は、山口組若頭の髙山が傘下の淡海一家の関係者に指示し、上田から金銭を脅し取ったというものだ。裁判の行方は、検察側がその筋書きに耐えられる立証をできているかどうか、にかかっている。恐喝の実行行為そのものや実行犯の存在は物的証拠がそろっているので揺らがない。要は、その先の話であり、恐喝を指示したと検察側が主張し、共犯と位置付けている髙山の関与の度合いの問題である。

しかし、そこについて、祝井十吾は、論告求刑の中身を分析しながら、不安な表情をのぞかせた。

マル暴刑事の疑問とは

「高山を淡海（一家）といっしょにくくりたい、いう警察、検察側の意図はわかるんです。けど、どうもこれ、すっきりしません。最初は淡海の恐喝事件として捜査し始めていたんやろう。それが途中で、高山のウロコが見えてきた。高山と上田が会っているのがわかったんで、これは共犯でいける、となったんとちゃうやろか。ただしこれで、共謀共同正犯を問えるやろか……。公判のカギは、被害者である上田の証言の信用性と彼の行動ですね」

元マル暴刑事の祝井は、山口組に打撃を与えたい、という捜査当局の思いが手に取るようにわかる。しかし、その口からは当局の意に添うようなふだんの歯切れのいい答えが返ってこない。それほど微妙な裁判だという。

多くの刑事裁判に共通するが、実行犯と共犯とをつなぐ点と線を明確に立証するのは大変な作業である。政界の例でいえば、選挙違反や贈収賄、政治資金規正法違反事件などにおいて、往々にして実行犯の秘書たちはたやすく逮捕される。しかし、肝心かなめの国会議員を摘発するのは至難だ。たとえば政治とカネ問題で揺れた小沢一郎事務所の政治資金規正法違反の一審では、三人の元秘書たちに有罪判決が下された一方、当の小沢本人には秘書との共謀を裏付ける直接証拠がなく、無罪放免になっている。一審、控訴審ともに、「小沢自身は秘書からことの報告を受けたが、それが法に触れるという意識がなかった可能性を否定できない」といった無罪判決の理由も述べられた。一般には非常にわかりづらい理屈だが、刑事事件の裁判では実行犯と共犯を隔てる大きな壁が存在する。

そして今度の京都の恐喝事件でも、実行犯と共犯とを結びつける直接証拠は存在しない。山口組若頭である髙山が傘下の淡海一家の関係者たちに命令して金銭を脅し取った、といった取り調べ時の調書などがあれば、それにあたる。が、むろん彼らは、死んでもそんなことを口にしない。

上田が恐喝の実行犯である東原たちから、髙山にカネを渡す、と聞かされたとはいえ、実際に髙山が受け取ったかどうか。それは、まさに直接、カネを運んだ当事者か、あるいはその後の金銭処理にあたった者しか知りえない。公判上、高山の指示で淡海一家が動いていたと上田が感じた事実は重要だが、それも推測に過ぎない。そのあたりに捜査の難しさがある。

こうした暴力団の主従関係を追及するマル暴捜査では、間接証拠を積み上げ、恐喝の指揮、命令を立証する以外にない。今度の事件ではそこに不安が残る、と祝井が案じるのである。

「恐喝の実行犯である淡海一家（相談役）の西田は前に調べたことがあるんで、そのしつこさや凶暴性はよく知っています。チャカ（拳銃）を忍ばせて上田を脅したりしたんも、頷けますし、そのあとに脅した模様はビデオにも残されているので、それらの立証はできるはず。でも、問題はそこからです。チャカで脅されたなら、ふつうその時点で警察に被害届を出すでしょ。それが一年以上も経ってから、ようやく警察に駆け込んでいる。その間、向こうと飲んだり食ったりしとるうえ、会食の代金まで支払うとる。そこらが非常にひっかかります」

検察側の論告求刑があった一週間後の一二年十一月十九日、高山清司の弁護側による最終弁論があった。そこで弁護側は、祝井と似たような指摘をしている。これまでの上田の証言について信用性がない、とこう反論した。

「どう考えても上田の物語は、十月三日の嵐山『吉兆』における会食と整合しない。上田の語るところによれば、上田は脅されている真っ最中に脅しの張本人と会食することになってしまったことになる。衝撃的な出来事だったはずである。ところが、上田はそのような衝撃的な出来事を捜査段階では供述していなかった」

上田の証言によれば、この吉兆会談は、山口組ナンバースリーである総本部長の入江禎に高山との仲裁を頼んだあと、謝礼として一千万円を支払ったときのことだとされる。実はこのとき恐喝の実行犯サイドである淡海一家の高山義友希も同席していた。だが、上田はそれを取り調べ段階で供述していない。そこも弁護側に突かれたのである。そこで弁護側はこのときの入江の役割について、山口組若頭の高山と上田との仲裁ではなく、上田と高山義友希との関係づくりに一役買ったのだと主張した。

「入江の口利きで義友希に面倒を見てもらうことになったことから、口利きをした入江、面倒を見ることになる義友希、面倒を見てもらう上田が会食をした。そう考えるほうがはるかに自然で合理的である」

もとより弁護団は、山口組若頭の高山と淡海一家の共謀関係を否認している。したがってこのような主張をするのは、検察側にとっても予想の範囲内ではあるだろう。しかし、同じ捜査側に立つ祝井もまた、同じように一連の出来事についての不自然さを指摘する。

「論告求刑にも書いているけど、このあと上田は弘道会の高山や淡海（一家）の義友希と『ラポー』というレストランで鉢合わせし、彼らの飲食代を支払っています。そこから、次にたん熊で会い、『仕事も力を合わせてよろしく頼む』と高山から言葉をかけられたと上田は供述しています。山口組若頭ともなれば、会席におるだけで効果がある。『仕事を頼む』なんてわざとらしく言うんもしっくりきません。恐喝されている被害者が、これだけ頻繁に当事者と会っている。弁護側はそこを見逃さず、その理由はみずから望んで会っていたからだ、と突いてきている。この事件が単純な恐喝としてすっきりせん難しさは、そこらあたりから来ているのでしょうな」

その反面、こうも話す。

「極道の事件ですから、いわずもがなの部分もある。それをどこまで裁判所が汲んでくれるか。上意下達の極道の世界では、実際に親分の眼が動いたというだけで相手を殺したりしてます。だから一般の恐喝事件より立証のハードルは低い。それらをどう判断するか、でしょうな」

上田は最初仲よくしようとしていたが、相次ぐ恐喝に耐えきれずに警察に駆け込んだ、という見方もできなくはない。その実、第三者がこうした会食や出会い方を見た場合、脅されているようには見えない。そのあたり密室の事情は微妙であり、当事者にしかわからないのである。換言すれば、今度の事件を立件する難しさは、暴力団と企業の経営者やオーナーが密接につながり、日本の経済界が裏社会と一体となって発展してきたことの裏返しでもあるのだろう。検察側の論告求刑では、こうも述べられていた。

「上田が別の業者のかかわる仕事の件で東原と会ったところ、東原が上田に対し『藤兵衛さん、うちに来いひんから、こんなことになったんや。うちに来て仕事してカネ持ってこい。談合もせえ。組合もあるから組合に入り、上納金を持ってこい』などと言った。（中略）上田は京都で仕事をするときには会津小鉄会の関係者に一定のお金を持っていけば暴力団には介入されないという京都ルールを改めて確認してもらえば、弘道会、淡海一家から要求されている企業舎弟にならずとも済むと考え……」

つまるところ会津小鉄会と弘道会・淡海一家の違いこそあれ、建設業者にとってはみかじめ料をどこの暴力団組織に収めるか、という争いともいえる。祝井が話す。

「暴対法ができて二十年以上経っているのに、こんな世界が露骨にまかり通っている。事件を見て、改めてそこに憤りを感じます」

いまだ断ち切れずに生き続ける暴力団と企業の蜜月。捜査でそれを身に染みて感じてきたはずの元ベテランマル暴刑事の祝井十吾も、ショックの色を隠せなかった。

点と点をつなぐ捜査

暴力団の資金源を断つ――。山口組壊滅作戦をはじめ、取り締まる側の警察当局は、常にそう言い続けてきた。その一方で、建設・土建業界と暴力団社会のもたれ合いという古典的な関係でさえいまだ続いている。実際は企業と暴力団の関係を完全に断ち切ることは難しい。図らずも、京都を舞台にした山口組最高幹部による恐喝事件は、それを如実に物語っているのかもしれない。
暴力団組織のネットワークは、むしろ以前より複雑になり、広がりを見せている。株やファンドの世界に暴力団組織の影がちらつき、ときにオレオレ詐欺（振り込め詐欺）や闇金融を背後で操る組員が摘発されるケースもある。昨今では、「半グレ」と呼ばれる元暴走族メンバーの暴行事件や集団殺人などがしばしばクローズアップされるが、彼らも決して暴力団組織と無縁ではない。暴力団が表に出られない分、半グレ集団がそこを補っているかのような協力関係も浮かび始めている。

法の網を巧妙に潜り抜けようとする暴力団組織と対峙する捜査当局は、相手のさらに上を行かなければならないはずだが、そのネットワークの広がりが、捜査を難しくしている、ともいえる。どうすればいいか、祝井に尋ねてみた。

「われわれとしては、少しでも資金源の解明ができるよう捜査を続ける以外にない、と言うほかありません。何度も言いますが、やっぱりそこで頼るのは捜査の蓄積です」

そう断言する。たとえば京都の恐喝事件において、山口組若頭の高山清司が当時、何度も京都入りしていたことを京都府警は把握しているが、大阪府警にも高山に関する膨大な捜査データがある。そこには、高山本人はむろん親族の銀行口座の動きなども残されている。

政治家の贈収賄などと同様、恐喝事件でも渡した側の資金の出所と受け取った側の処理の仕方は、金銭の授受を立証する上で非常に重要なポイントとなる。京都の事件では、上田から高山に渡ったとされる四千万円の流れがどうなっているか、の解明は事件の大きな鍵を握る。

四千万円の内訳は、〇五年十二月三十日の一千万円を手始めに、翌〇六年八月九日の二千万円、十二月十八日の一千万円の三回分だ。それら合計四千万円が、淡海一家の関係者を通じて高山に渡ったと捜査当局は断じた。被害者の上田藤兵衛は、それらをタンス預金や銀行口座から引き出し、彼らに現金で手渡した、と警察・検察に供述している。被告人の高山および弁護側は金銭授受そのものを否定しているが、警察や検察にとって問題はそこではない。淡海一家の関係者に渡したあと、そのカネがどう処理されたか、そこが一つのポイントになる。

そこについて、ある現役の大阪府警関係者に聞いた。すると、しばらくして非常に興味深い話が返ってきたのである。

「たとえば、その四千万円のうち初回の〇五年十二月三十日の一千万円、それは思い当たるフシがあります。その翌〇六年一月十九日には、高山の親族が持っていた新生銀行の口座に一千万円の入金がなされている。それともう一つ、本人の口座へ一月二十四日に一千万円が放り込まれています。このどちらかが上田の一千万円である可能性が高いのではないでしょうか」

二つの一千万円は、どちらも銀行のカウンター窓口を避け、自動預け払い機（ATM）を使って入金されていたという。窓口手続きではないため、何度にも分けて入金しなければならないが、その分、入金伝票という証拠は残らない。一月十九日の親族口座の場合は、ATMの入金限度額である二百万円ずつ五回に小分けされ、口座に一千万円が入っていた。また二十四日の一千万円は、もっと細かく九十九万円ずつに分けられて入金されている。

仮に、上田から資金提供があったとされる十二月三十日に最も近い一月十九日が、恐喝したそれだとすれば、共犯関係は立証できたことになる。その入金は二十日間を経たあとのことであり、また二十四日とすれば、三週間以上も現金を寝かせていた計算になる。だが、そこについて府警の関係者は、さして問題にしない。こう説明する。

「淡海一家の側が一千万円を受け取ったのが十二月三十日だから、翌日から銀行は正月休みに入るでしょ。十日以上たって、入金されるケースはむしろ普通じゃないでしょうか。しかも、上田が渡した直接の相手は高山本人ではなく、淡海一家の関係者が京都で受け取っているわけだから、そこから高山のところへ持っていかなければならない。こうしたカネは足がつかないよう、ある一定期間、タンス預金として寝かせておくケースが珍しくありませんから、どちらにせよ不自然ではありません」

資金提供と銀行入金という点と点をつなぐ線は存在するのか。今度の恐喝事件で、京都府警や京都地検がどこまでその四千万円の流れを解明できているか。事件の行方は、判決を待つ以外にない。

懲りない面々

二〇一二（平成二十四）年十一月、検察側論告求刑と弁護側の最終弁論をもって結審した山口組若頭、高山清司の恐喝事件の裁判は、二〇一三（平成二十五）年三月に京都地裁の判決が下った。日本最大の暴力団首脳を巡る事件だけに、判決の成り行きを見守る警察当局、暴力団双方の張りつめた息遣いが聞こえそうだった。さらに判決を待つまでの十一月末、もう一つ大きな事件が起きた。山口組ナンバーフォーである極心連合会会長の逮捕である。摘発したのはかつて柷井十吾たちが所属していた大阪府警の捜査四課だ。警察発表を受けた共同通信は次のように報じている。

〈暴力団組員であることを隠してゴルフをしたとして、大阪府警捜査4課は30日、詐欺の疑いで、指定暴力団山口組幹部で極心連合会会長の姜弘文容疑者（65）や、元プロボクシング世界王者で同会幹部渡辺二郎容疑者（57）ら3人を逮捕した。同課によると、渡辺容疑者は「私は暴力団ではありません」と容疑を否認、姜容疑者は黙秘している。

渡辺容疑者は、未公開株売買をめぐり、タレント羽賀研二（本名・当真美喜男）被告（51）とともに恐喝未遂罪の共犯に問われ、一審大阪地裁で無罪判決を受けたが、二審大阪高裁で逆転有罪となり、いずれも上告中。

姜容疑者と渡辺容疑者をめぐっては昨年、当時タレントだった島田紳助さん（56）との親密交際が発覚。島田さんは姜容疑者へ手紙を書いたり、一緒に写真に写ったりしていた責任を取り、芸能界を引退した。渡辺容疑者は2人の交際を仲介したとされる。

逮捕容疑は共謀して昨年3月、組員のプレーを禁じている大阪府のゴルフ場で、身分を隠してプレーした疑い。一緒にプレーした同会幹部1人の逮捕状を取り行方を追っている。

暴力団組員のゴルフ場利用をめぐっては、近年、暴力団の弱体化を目的に、警察当局が詐欺罪を適用して相次いで摘発。組員が利用禁止を認識していたかが焦点となり、不起訴や一審判決で無罪が出た例もある〉（一二年十一月三十日付）

弘道会若頭の竹内照明を逮捕したときと同じく、身分を隠してゴルフをしたという詐欺事件だ。竹内のときと同様、かなり強引な逮捕といえるが、昨今、暴力団相手に警察が使う捜査の常套手段でもある。

「ゴルフ場の使用詐欺は逮捕することが目的やから、仮に起訴することができなくてもええ。実際そうなるケースも多いけど、直参クラスの大物を逮捕できれば、捜査員の株はあがります」

祝井はそう話す。案の定、二人は不起訴処分となり、釈放された。

渡辺に関しては、島田紳助の引退騒動以降、極心連合会の橋本といっしょに釣りに出かけていたという情報もあった。釣りなら罪には問われないが、国内でゴルフをすれば摘発されることは予想できる。それほどゴルフをしたいなら海外でやればよさそうなものだ。平気で国内でラウンドしたのは、その感覚が麻痺しているのか、それとも警察に対する挑戦なのだろうか。

一方、警察当局にしてみたら、山口組ナンバーツーの公判が最終局面を迎えるなか、威信を示そうとしたのかもしれない。互いに面子を重んじるという点では、どちらにも共通する心状がある。祝井が言った。

「いくら暴対法や暴力団排除条例ができても、やはり一般の人にとって暴力団は怖い。それと本気で対峙できるんは警察しかいないと思うんです。だからこそ、やらなければならない」

マル暴刑事たちの闘いに終わりはない。

エピローグ

　昨今、警察や検察の不祥事が相次ぎ、治安を預かる捜査当局への信頼感が揺らいでいる。マスメディアやジャーナリズムが権力の側に立つ捜査当局を監視し、追及する。不祥事が浮上すれば、それを検証するのは当然であり、責務であるといえる。その結果、警察や検察に対する不信がより募るのは自然の流れであり、やむを得ない。自浄作用の働きにくい行政当局がメディアの指摘を踏まえて反省し、組織や捜査の手法が改善されていくのは、むしろ日本の社会として歓迎すべきだろう。

　しかし困るのは、そうした警察バッシングにより、現場の捜査員たちがやる気をなくしてしまうことだ。一般社会が警察官や検事たちに求めているのは、いったいどんな姿だろうか。俗世間を超越したスーパーマンや聖人君子を望んでいるわけではない。「交番のおまわりさん」という言葉に象徴されるように、いざというときに相談したり、頼りにする存在であってほしいと願う。だが、残念ながら、不始末や悪さばかりが目立ち、頼りにならない警察、検察、と非難されるようになって久しい。

治安当局といっても、現実には酒、カネ、女が好きで、つい欲に溺《おぼ》れてしまう不良警官や不良検事も数多くいる。犯罪者に接する機会が多いだけに、ミイラ取りがミイラになってしまうことも少なくない。また行政官という役人根性がつい顔を出し、捜査で自己保身に走るあまり、証拠を隠蔽したり供述を捏造したりもする。それは今に始まったことではない。一言で片づければ、捜査関係者がそうした一線を越えないでとどまるのは、当事者たちの正義感次第というほかないのである。

本書の語り部となってくれた大阪府警のマル暴担当刑事たちと知り合ったのは、この十年来のことである。複数の元刑事たちを祝井十吾という一つの仮名にさせていただいたので、いきおい取材した時期や人物は異なる。祝井という仮名に統一したのは、そのほうが読みやすいのではないか、という判断からだが、それぞれの証言内容については、できる限り同じ内容を他の捜査関係者に確認してきた。また、大阪府警のみならず、警視庁など他府県の警察関係者や検察関係者にも協力を仰ぎ、取材させていただいた。

そうして取材してきた祝井十吾をはじめ本編に登場する捜査関係者たちの多くは、職務上の自己保身などを感じさせなかった。彼らの根底にある正義感は言うまでもないが、刑事たちのあいだにある先輩後輩の伝統的な徒弟制度が、それを育んできたように思えてならない。プロの捜査員としての自覚が、彼らを厄介な暴力団捜査に駆り立ててきた。そう痛切に感じてきた。

本書を上梓するにあたり、取材に付き合っていただいた複数の「祝井十吾」たちの口に、しばしば上った財務専門官に接触を試みた。二〇一二年の暮れ、ようやくその一人に電話で連絡がついた時、当人は意外にも数年前に警察の職を辞し、IT企業でコンサルティングの仕事をしていた。たまたま仕事で東京にいるという。さっそくホテルで待ち合わせたところ、現れたのは、今まで話をしてきた「祝井」とは違って強面の印象はなく、名刺には「公認内部監査人」「フィナンシャルプランナー」「宅地建物取引主任者」などの肩書が並んでいた。

取材資料を見せたところ、目を点にしながら読み進め、時折首を傾げ、一呼吸おいて、彼は続けた。

「私の口から詳細を話すつもりはありませんが、私は確かに財務捜査官として府警に在籍し、暴力団の絡む金融・経済事犯を扱っておりました。ここに出てくる数件の事件は、金額などはあいまいですがよく覚えています。私はもう府警を退職し、今はIT企業の取締役やコンサルティングの会社を経営しています。もともと銀行員から府警に転じましたが、府警での十年間は、私にとっては非常に有意義なものでした。これらの経験をもとに、企業のガバナンス維持やコンプライアンスの確立、リスクマネジメントに関する事業を、民間で実現しています。世の中では警察の不祥事ばかりが報道などで取り扱われますが、確かに私が見てきたのは、ここにもしばしば登場する真に正義感の強い刑事でした。たまには警察のよいところもPRしてあげてください」

各事案の中身には言及しないが、否定することもなく、暗に取材内容、および情報源の確かさを認めているようであった。府警退職後の仕事の性格上、やはり「元大阪府警暴力団担当刑事」の看板はものを言うようだ。退職後も企業からの反社会的勢力対策に関する問い合わせや、リスクマネジメントに関する講演の要請はかなりの数にのぼるという。日本全国での暴力団排除条例の施行を機に、民間企業の暴力団に対する意識の変化を肌で感じているようでもあった。

山口組のみならず、暴力団関係者による犯罪は後を絶たない。そんな暴力団組織のネットワークは近年ますます広がりを見せてきた。その分、犯罪が複雑化し、捜査が難しくなっている。そうした現代だからこそ、祝井十吾たちのようなプロのベテランマル暴刑事が必要とされる。取材を通じてそれを確信した。

本書を書くにあたり、貴重な証言や資料を寄せてくれた捜査関係者をはじめ、ボクシング界の赤裸々な実情を敢えて明かしてくださった木村七郎氏や恐喝事件の実体験を告白してくれた上田藤兵衛氏、金融と闇社会の接点について解説をいただいた岡野義市氏、その他、協力してくださった方々に、この場を借りて感謝申し上げる。本編では敬称を略させていただいた。

また、本書を上梓するきっかけになった講談社『週刊現代』の髙橋明男担当部長、担当編集者である阪上大葉氏、その後の取材や編集作業に付き合っていただいた『FRIDAY』副編集長の片寄太一郎氏には、ひとかたならぬご面倒をおかけした。お礼を申し上げたい。本書が、日本社会に長らく続いてきた暴力団組織とのあり方を見直すきっかけになれば幸甚である。

本書は二〇一三年二月に小社より刊行された
『大阪府警暴力団担当刑事——「祝井十吾」の事件簿』を改筆・改題したものです。

森 功―1961年、福岡県生まれ。出版社勤務などを経て、ノンフィクション作家に。2008年、2009年と2年連続で「編集者が選ぶ雑誌ジャーナリズム賞作品賞」受賞。主な著書に『許永中　日本の闇を背負い続けた男』『同和と銀行　三菱東京UFJ“汚れ役”の黒い回顧録』『腐った翼　JAL65年の浮沈』（以上、講談社＋α文庫）、『黒い看護婦―福岡四人組保険金連続殺人―』（新潮文庫）などがある。

講談社＋α文庫 大阪《おおさか》府《ふ》警《けい》暴力《ぼうりょく》団《だん》担当《たんとう》刑事《でか》
――捜査秘録を開封する

森《もり》 功《いさお》

2015年9月17日第1刷発行
2016年9月1日第4刷発行

発行者――鈴木 哲
発行所――株式会社 講談社
東京都文京区音羽2-12-21 〒112-8001
電話 編集(03)5395-3522
販売(03)5395-4415
業務(03)5395-3615

デザイン――鈴木成一デザイン室
カバー印刷――凸版印刷株式会社
印刷――大日本印刷株式会社
製本――株式会社国宝社

落丁本・乱丁本は購入書店名を明記のうえ、小社業務あてにお送りください。
送料は小社負担にてお取り替えします。
なお、この本の内容についてのお問い合わせは
第一事業局企画部「＋α文庫」あてにお願いいたします。
Printed in Japan ISBN978-4-06-281610-6
定価はカバーに表示してあります。

講談社+α文庫 Ⓖビジネス・ノンフィクション

Steve Jobs スティーブ・ジョブズ I
ウォルター・アイザックソン 井口耕二 訳
あの公式伝記が文庫版に。第1巻は幼少期、アップル創設と追放、ピクサーでの日々を描く
850円 G 260-1

Steve Jobs スティーブ・ジョブズ II
ウォルター・アイザックソン 井口耕二 訳
アップルの復活、iPhoneやiPadの誕生、最期の日々を描いた終章も新たに収録
850円 G 260-2

ソトニ 警視庁公安部外事二課 シリーズ1 背乗り《はいの》
竹内明
狡猾な中国工作員と迎え撃つ公安捜査チームの死闘。国際諜報戦の全貌を描くミステリ
800円 G 261-1

完全秘匿 警察庁長官狙撃事件
竹内明
初動捜査の失敗、刑事・公安の対立、日本警察史上最悪の失態はかくして起こった!
880円 G 261-2

僕たちのヒーローはみんな在日だった
朴一
なぜ出自を隠さざるを得ないのか? コリアンパワーたちの生き様を論客が語り切った!
600円 G 262-1

モチベーション3・0 持続する「やる気!《ドライブ!》」をいかに引き出すか
ダニエル・ピンク 大前研一 訳
人生を高める新発想は、自発的な動機づけ! 組織を、人を動かす新感覚ビジネス理論
820円 G 263-1

人を動かす、新たな3原則 売らないセールスで、誰もが成功する!
ダニエル・ピンク 神田昌典 訳
『モチベーション3・0』の著者による、21世紀版「人を動かす」! 売らない売り込みとは!?
820円 G 263-2

ネットと愛国
安田浩一
現代が生んだレイシスト集団の実態に迫る。反ヘイト運動が隆盛する契機となった名作
900円 G 264-1

モンスター 尼崎連続殺人事件の真実
一橋文哉
自殺した主犯・角田美代子が遺したノートに綴られた衝撃の真実が明かす「事件の全貌」
720円 G 265-1

アメリカは日本経済の復活を知っている
浜田宏一
ノーベル賞に最も近い経済学の巨人が辿り着いた真理! 20万部のベストセラーが文庫に
720円 G 267-1

＊印は書き下ろし・オリジナル作品

表示価格はすべて本体価格(税別)です。本体価格は変更することがあります

講談社+α文庫 Ⓖビジネス・ノンフィクション

書名	著者	内容	価格	番号
警視庁捜査二課	萩生田 勝	権力のあるところ利権あり——。その利権に群がるカネを追った男の「勇気の捜査人生」!	700円	G 268-1
角栄の「遺言」 「田中軍団」最後の秘書 朝賀昭	中澤雄大	「お庭番の仕事は墓場まで持っていくべし」と信じてきた男が初めて、その禁を破る	880円	G 269-1
やくざと芸能界	なべ おさみ	「こりゃあすごい本だ!」——ビートたけし驚嘆! 戦後日本「表裏の主役たち」の真説!	680円	G 270-1
*世界一わかりやすい「インバスケット思考」	鳥原隆志	累計50万部突破の人気シリーズ初の文庫オリジナル。あなたの究極の判断力が試される!	630円	G 271-1
誘蛾灯 二つの連続不審死事件	青木 理	上田美由紀、35歳。彼女の周りで6人の男が死んだ。木嶋佳苗事件に並ぶ怪事件の真相!	880円	G 272-1
宿澤広朗 運を支配した男	加藤 仁	天才ラガーマン兼三井住友銀行専務取締役。日本代表の復活は彼の情熱と戦略が成し遂げた!	720円	G 273-1
巨悪を許すな! 国税記者の事件簿	田中周紀	東京地検特捜部・新人検事の参考書! 伝説の国税担当記者が描く実録マルサの世界!	880円	G 274-1
南シナ海が〝中国海〟になる日 中国海洋覇権の野望	ロバート・D・カプラン 奥山真司 訳	米中衝突は不可避となった! 中国による新帝国主義の危険な覇権ゲームが始まる	920円	G 275-1
打撃の神髄 榎本喜八伝	松井 浩	イチローよりも早く1000本安打を達成した、神の域を見た伝説の強打者、その魂の記録。	820円	G 276-1
電通マン36人に教わった36通りの「鬼」気くばり	ホイチョイ・プロダクションズ	博報堂はなぜ電通を超えられないのか。努力しないで気くばりだけで成功する方法	460円	G 277-1

*印は書き下ろし・オリジナル作品

表示価格はすべて本体価格(税別)です。本体価格は変更することがあります